この一冊でもう困らない
マナーのツボ大事典

Learn How to Be a Graceful Adult

知的生活追跡班［編］

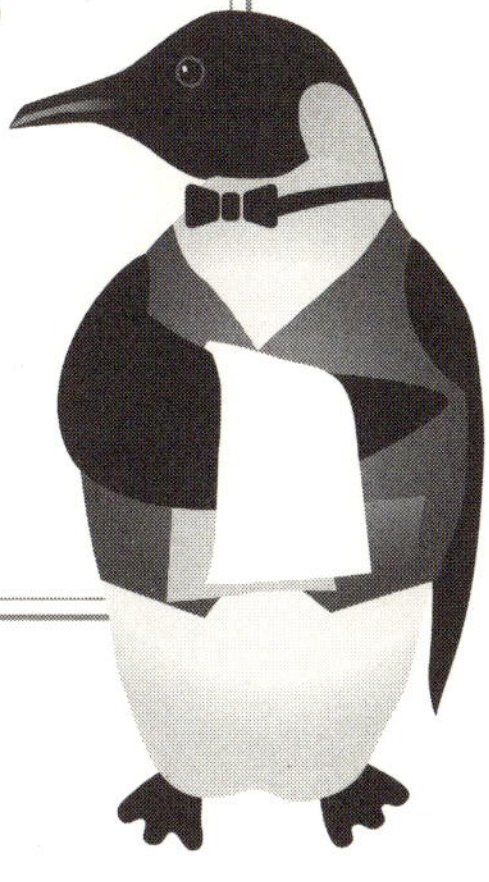

JN176931

青春出版社

一目おかれる人の「気遣い」はここが違う！

周りの人に不快な思いをさせない、お互いが気持ちよく過ごせるように気遣う、思いやりをもって接する…。そんな心遣いを形にするのが大人のマナーです。

本書でその〝ツボ〟をおさえておけば、コミュニケーションが面白いほどスムーズになります。上品で美しいふるまいを身につけることで、自分の内面が日々変わっていくことも実感できるでしょう。

たとえば、誰でも美しい立ち姿に見える6つのポイントとは？　知っておくと何かと便利な〝三段階〟の礼とは？　人を不快にする七癖とは？　感じのいい笑顔とつくり笑顔はどこがどう違う？　など、本書には「できる大人」がおさえているマナーのコツとポイントが満載です。

今までのやり方をほんの少し変えるだけで、誰でも簡単に、今日から一流の作法が身につくはずです。軽い気持ちで、ぜひ取り組んでみてください。

２０１５年１月

知的生活追跡班

この一冊でもう困らない　マナーのツボ大事典◆目次

第1章

第2章

誰が相手でも恥ずかしくない「話し方」　45

第3章

結果を出す人の「ビジネスマナー術」 81

第4章

おいしくいただくための「食事の作法」

第5章

気持ちよく過ごす「暮らしのエチケット」 203

第6章
常識として身につけたい「大人のしきたり」　243

第７章

第8章

一目おかれる人が実践する「敬語使いの法則」 295

特集2

カバー写真提供■iStock
©iStock.com/ tweak64
本文写真提供■shutterstock
Ramona Kaulitzki/ shutterstock.com
ＤＴＰ■ハッシィ
制作■新井イッセー事務所

誰でも一流のマナーは身につく！

やさしさや気遣いが表れたもの

本物の「品格」を備えた人というのは、人との縁や周囲を取り巻いているものを大切にするやさしさがあり、その気持ちが行動となって表れている。

逆に、ポーズだけで〝品格らしきもの〟を醸し出している人には、そのやさしさが少ないことを感じるはずだ。

つまり、品格というのは特別な人だけが身につけているというものではなく、自分中心の考えを改めて、周りを気遣う心を持てば誰にでも自然に備わってくるものなのだ。

周りを気遣うと表情は自然にやわらかくなり、言葉も丁寧になる。けっして荒々しい動作で人を驚かせるようなこともないだろう。

そんな所作の一つひとつを見て、人は「あの人は品格がある」と感じるのである。

また、日本に古くから伝わる冠婚葬祭や、おつき合いのマナーやルールには、相手を敬い、礼を尽くす気持ちが込められている。

それらがどのような意味を持ち、どのように受け継がれてきたのかも正しく理解したうえで、どんなシーンでも礼を失することなく、堂々とふるまえるようにしたいものだ。

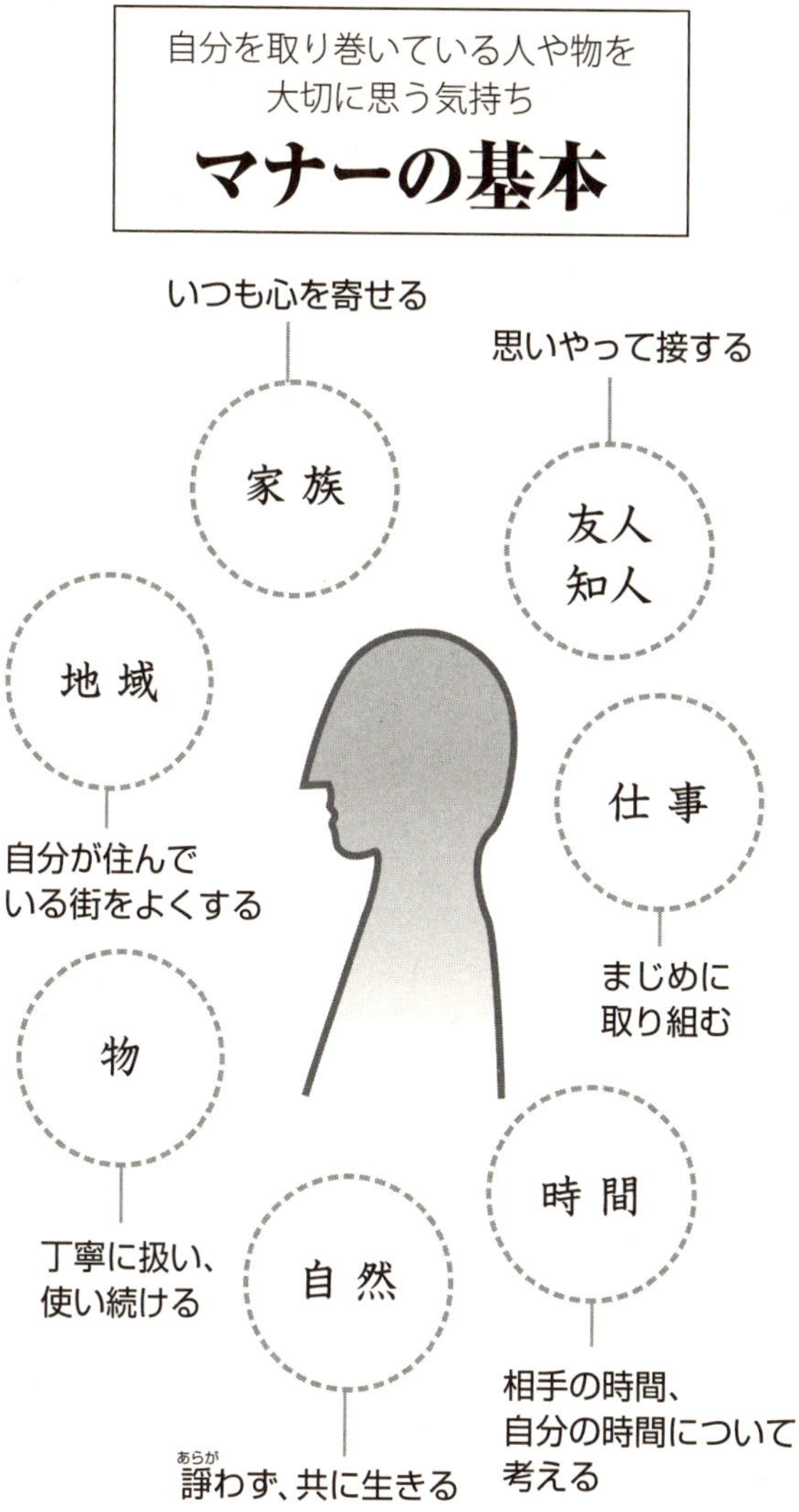
自分を取り巻いている人や物を
大切に思う気持ち
マナーの基本
家族
いつも心を寄せる
友人
知人
思いやって接する
地域
自分が住んで
いる街をよくする
仕事
まじめに
取り組む
物
丁寧に扱い、
使い続ける
時間
相手の時間、
自分の時間について
考える
自然
諍《あらが》わず、共に生きる

その場にふさわしい所作を身につける

他人を不快にさせないための
表情やしぐさ、声の出し方

相手を敬う気持ちを表す
ビジネスマナー

おいしいものを
おいしくいただく
ための
食事やお酒の
たしなみ

互いに心地よく
暮らすための
人づき合いの心得

慶びやお悔やみの
気持ちを伝える
冠婚葬祭での
ふるまい

第1章

品格のある美しい「ふるまいと身だしなみ」

美しい「立ち姿」を身につける

何気ない立ち姿にその人の品位が表れる

人の真価は外見よりも中身にあるとはわかっていても、たとえば初対面であれば、どうしても「見た目」で第一印象が決まってしまうことが多い。

なかでも意外と印象に残りやすいのが「立ち姿」だ。というのも、そこには知らず知らずのうちにその人の品性が表れるからである。

日頃から姿勢には気をつけている人もいるかもしれないが、そういう人に限って「正しい姿勢」の認識そのものが間違っていたり、甘かったりする。

堂々としているのに、ふてぶてしく見えない――。こんな美しい立ち姿をマスターするには、いくつかの押さえるべきポイントがある。

凛々しく見える「正しい姿勢」とは

試しに壁を背にして直立してみよう。ほとんどの人は、壁につく部分はせいぜいお尻か背中くらいではないだろうか。

じつは、これでは正しい姿勢とはいえない。猫背になって、自信なさげに落ち込んでいるような姿勢になってしまっているはずだ。

基本は、後頭部、肩甲骨、おしり、かかとの4点がきちんと壁につくことである。そのうえで、あごを引き、肩甲骨に力を入れ、両肩を背中の内側で合わせるようにする。

さらにおしりを引き締めて、左右のかかとをくっつけ、視線を正面に差し向ければ、正しい立ち姿の完成だ。

実際にやってみれば、ふだん使わない筋肉を使うせいか想像以上にきついことがわかる。だが、慣れてしまえばどんな場面でも自然にこの立ち方ができるようになるはずである。

体が天からピンと糸で吊られたかのような凛々《りり》しい佇《たたず》まいは、人格にも一本芯が通っているように見えるものである。見た目で損をしないためにも、正しい立ち姿を会得しておきたいものだ。

美しい立ち姿のための６つのポイント

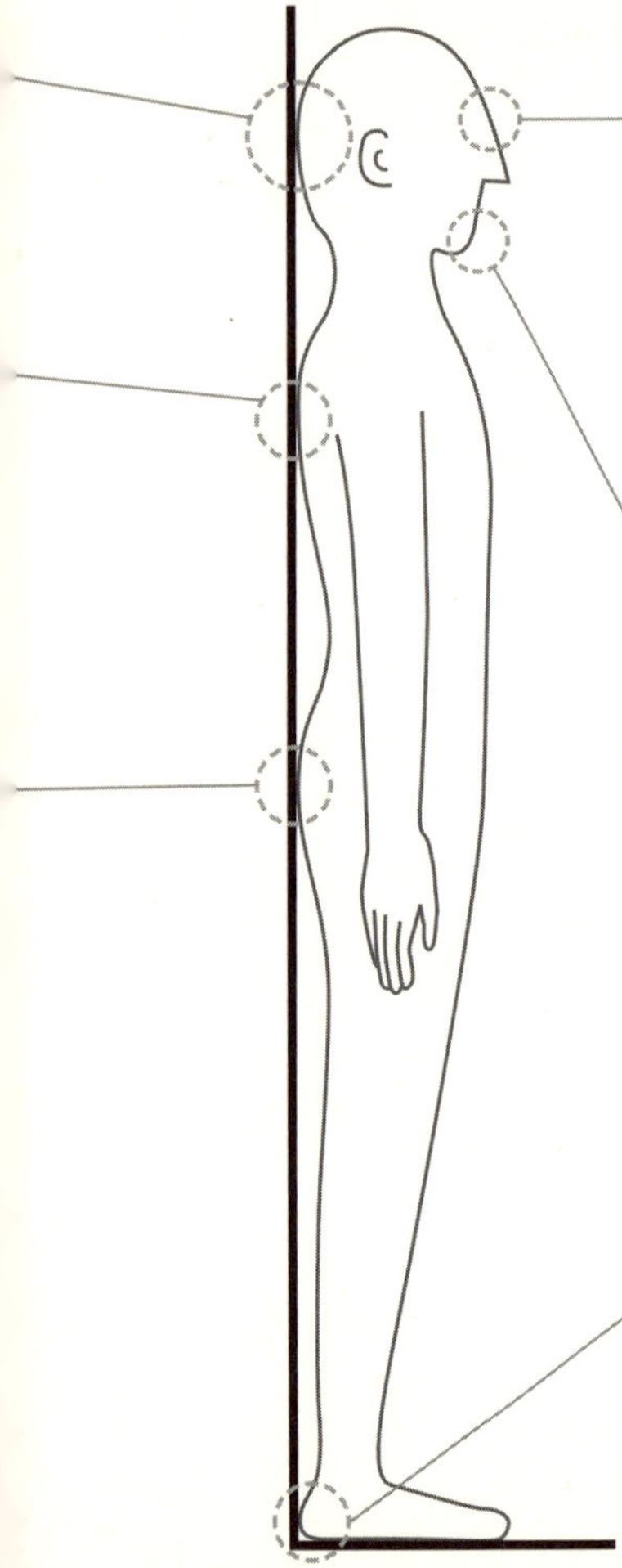

目線

壁に後頭部をつけて立ち、視線を正面に差し向ける。

あご

あごは自然に軽く引く。首の付け根から曲げようとすると喉が圧迫されるので、あごの先を下ろすようにする。

かかと

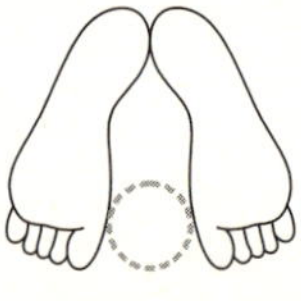

左右のかかとをつけて、つま先はこぶしひとつ分くらい開く。

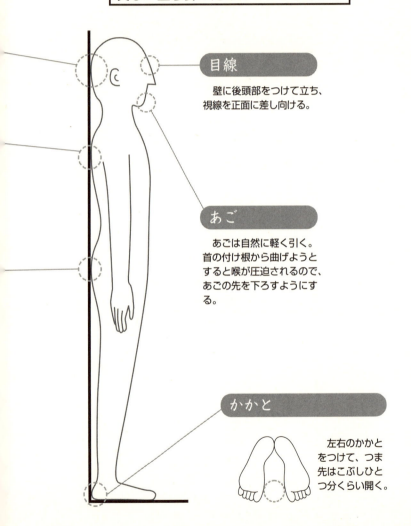

頭

後頭部を壁につけ、頭頂部が真上から糸で引っ張られているような状態をイメージする。

肩甲骨

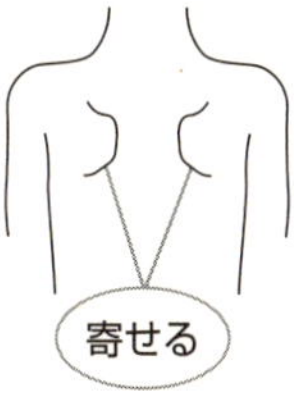

肩を開いて肩甲骨を寄せ、背中から浮き上がった肩甲骨を壁につけるようにする。

おしり

おしりの筋肉を意識し、キュッと引き締めた状態をキープする。

無意識に直立すると「頭」と「肩甲骨」が壁につかない人がほとんど

いつの間にか差がつく品のある「座り方」

もっとも品性が出る動作のひとつ

仏教に「長跪合掌《ちょうき》」という言葉がある。これは上半身を直立したままで両膝を地につけ、合掌する礼拝の作法を意味するが、一説によれば日本の「正座」はこの長跪合掌がルーツだという。

日本における座るときの動作といえば、この正座が伝統的だ。大半の外国人が苦手とする作法のひとつだが、正座が苦手なのは今や日本人も同じかもしれない。

それでも他家への訪問やかしこまった茶席、あるいは法事など、座り方には腰をかけるときよりも高い品性が求められる。

ここで注意したいのは足の運び方だが、椅子に比べて座るまでの姿勢が中途半端になる

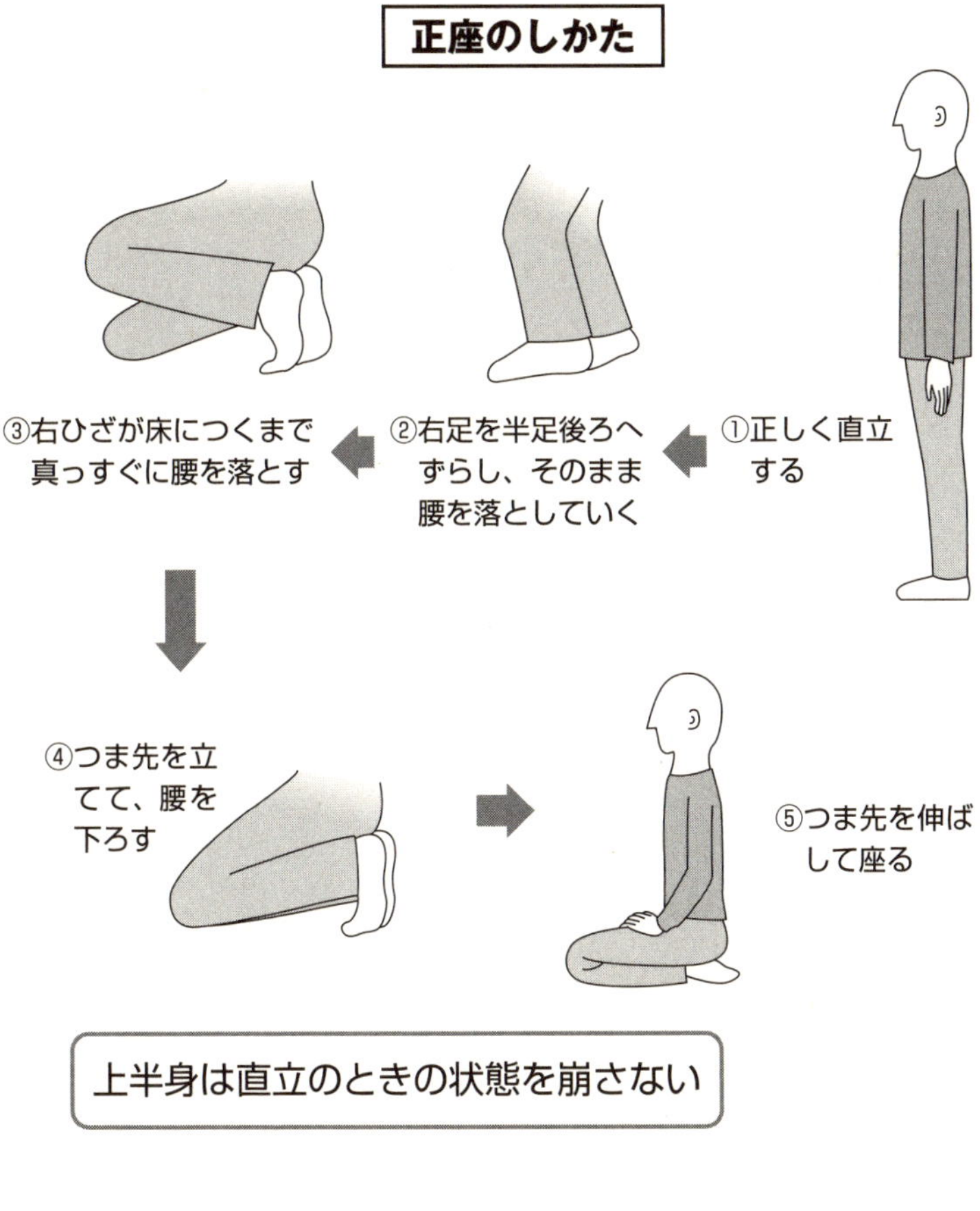
正座のしかた
①正しく直立する
②右足を半足後ろへずらし、そのまま腰を落としていく
③右ひざが床につくまで真っすぐに腰を落とす
④つま先を立てて、腰を下ろす
⑤つま先を伸ばして座る
上半身は直立のときの状態を崩さない

ので、最終的に座りきるまでは力を抜かないようにしたい。

ほんの数秒間の動作だが、最後の最後でドスンとなってしまっては、それまでどんなに上品にふるまっていたとしても台無しになる。

ちなみに、足の甲は両方とも床につけず、座るときに重ねておくとしびれにくい。

椅子に腰をかけるときは足の運び方が重要

椅子に腰をかけるにせよ、畳に正座するにせよ、「座る」という一連の動作は他のどれよりも様式美に通じるものがある。

言い方を変えれば、身のこなしの優劣がもっとも表れてしまうというわけだ。

なかでも、圧倒的に多いのは正座をするよりも椅子に腰をかけることだが、ポイントはやはり足の運び方だ。無造作に行うと、相手に対してお尻を向けてしまい無礼になる。

どう足を運べばスムースに腰をかけることができるのか、さほど難しい動作ではないので、日頃から練習をして自然にふるまえるようにしておきたい。

ちなみに、椅子と正座の両方に共通するのは、背筋をピンと伸ばし、男性は膝頭を握りこぶしひとつ分ほど開け、女性はくっつけるということである。

椅子のかけ方

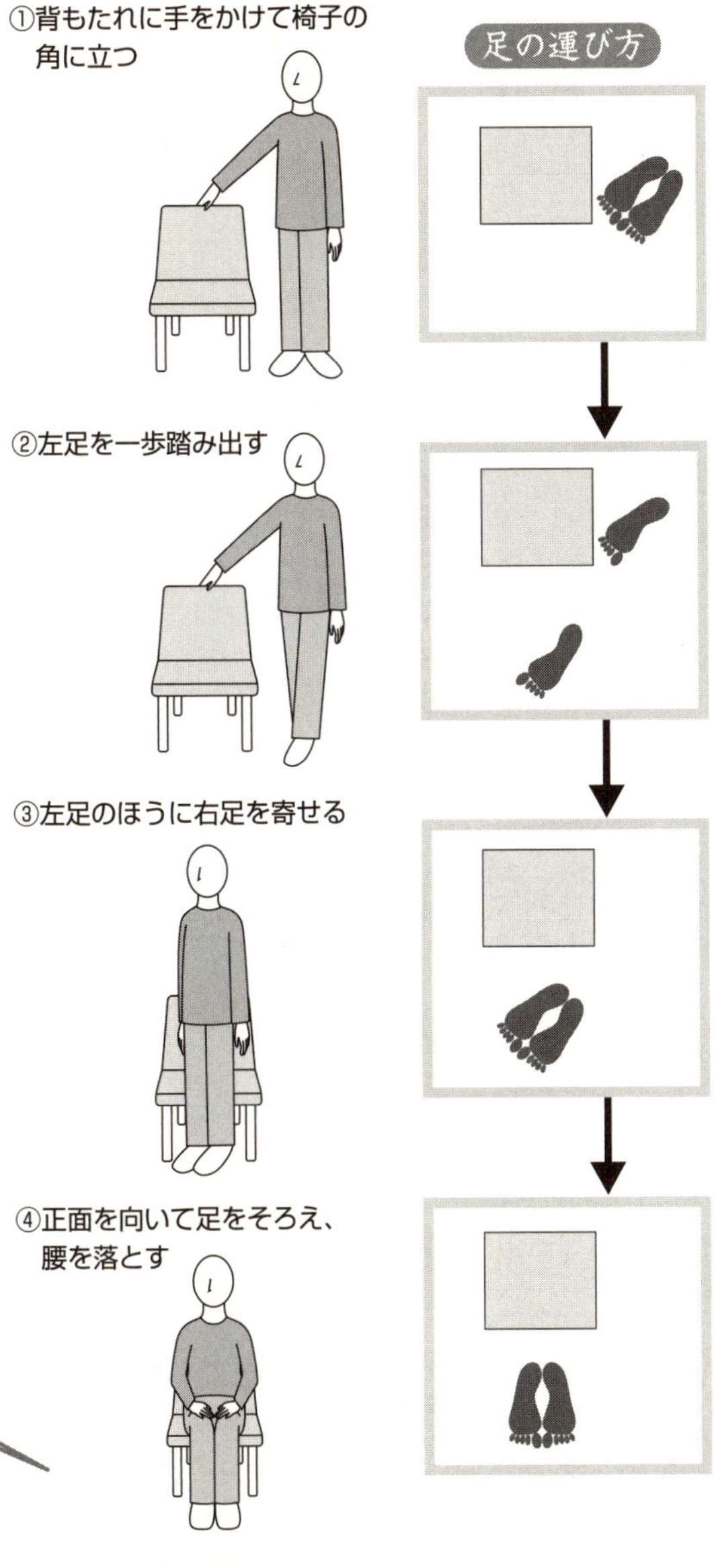
①背もたれに手をかけて椅子の角に立つ
足の運び方
②左足を一歩踏み出す
③左足のほうに右足を寄せる
④正面を向いて足をそろえ、腰を落とす

座ったときに、女性は膝をそろえて手は膝の上で軽く重ねる。男性は握りこぶしひとつ分くらい膝頭を開き、手は軽く握って膝の上に置く。

「あいさつ」のときのスマートなふるまいのコツ

コミュニケーションの基本として欠かせないのがあいさつだが、どんな状況でも同じようにあいさつをすればいいというわけではない。その時々に応じて適切なあいさつをするのが、大人としてのスマートなふるまいである。

たとえば、廊下で目上の人とすれ違うときは、自分は廊下の端に寄り、一度立ち止まってからお辞儀をする。すれ違いざまにただ頭だけを下げているのは失礼にあたる。

また、デスクに座って仕事をしているときに目上の人からあいさつをされた場合も、顔だけを相手に向けてあいさつをするのはＮＧだ。そういうときは仕事の手をいったん止めて、きちんと体ごと相手に向けてあいさつをするのがマナーである。

ＴＰＯに合ったあいさつを心がけることで、あなたの好感度は確実に違ってくるのだ。

心をつかむ「分離礼」とは

あいさつの際に何気なくしているお辞儀だが、このお辞儀のしかたひとつとっても相手に与える印象は大きく変わってくる。

たいていの人は「こんにちは。今日はよろしくお願いします」と言うと同時にお辞儀をする。これを「同時礼」というが、じつは一流のビジネスパーソンの多くはこのようなお辞儀はしない。なぜなら、同時礼にはインパクトがないからだ。

どうするかというと、最初に相手の目をしっかりと見ながら「こんにちは。今日はよろしくお願いします」と声を出してあいさつし、それからおもむろにお辞儀をするのだ。

これは「分離礼」といい、声と〝目力〟で相手に自分の印象をしっかりと残すことができるのである。

知っておくと便利な「礼」のしかたと目的

気持ちを表す3段階の礼

会社や自宅の近くで顔見知りの人とすれ違うときや、結婚式やお葬式でお祝いやお悔みの言葉を述べるときなど、お辞儀をする機会は意外と多い。そんなとき、どのシーンでも同じように頭だけをちょこんと下げている人はいないだろうか。

武道の型ではないが、じつは礼のしかたにもＴＰＯに適《かな》った目的と形がある。それが「草の礼」「行の礼」「真の礼」だ。

この「草」「行」「真」というのは、もともと書道の筆法である「草書」「行書」「楷書（真）」からきたもので、草は形にとらわれない自由な書、行は本来の形を少し崩したもの、真は本来の形で書いた筆法のことをいう。

立礼の角度とTPO

草の礼

上体をまっすぐに伸ばしたまま、腰を15度くらい傾ける軽い会釈。道や廊下で人とすれ違うときや、部屋の入退室のときなどに適している。

行の礼

腰をやや深く折り、手のひらをももの中ほどまで下げる、やや丁寧なお辞儀。目上の人へのあいさつや、お詫びの気持ちを伝えたいときなどに使う。

真の礼

もっとも丁寧なお辞儀。伸ばした指先が膝頭につくくらいまで深々と上体を倒す。神社や仏閣への参拝のときなどに適しているが、日常生活ではほとんど使わない。

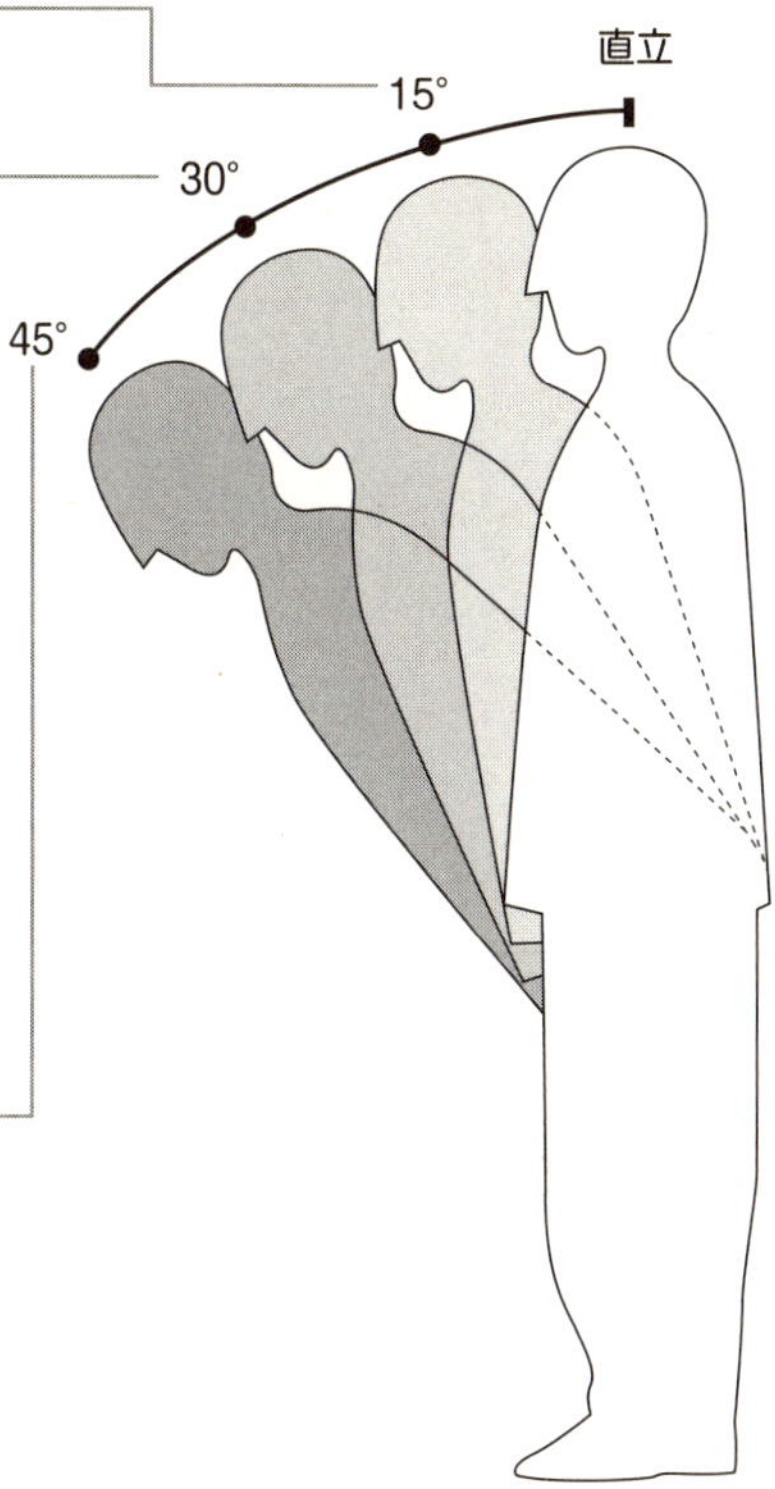

礼をするときの数のカウント

「草」「行」「真」の礼には、それぞれ適したカウント数がある。たとえば、もっとも丁寧な真の礼は「1」で直立、「2、3」で上体を倒し、「4、5」の2秒間は頭と息をぴたりと止めて、「6、7、8」でゆっくりと上体を起こして「9」で直立に戻ると美しい。行の礼の場合は「3、4」で、草の礼は「2、3」で頭と息を止めて上体を戻す。

これを礼に当てはめると、「草の礼」は軽い会釈で、「行の礼」は丁寧に30度くらい上体を傾けるお辞儀になる。

そして、本来の礼の形である「真の礼」は、もっとも深く丁寧に45度くらいまで上体を傾ける。深い感謝の気持ちや謝罪の気持ちを伝えるときに適しているが、ここまでの深い礼は相手に対して無抵抗であることも表すのでふだんはみだりには行わない。

いずれにしても、立った状態でお辞儀をする場合は、まずはきれいな直立の姿勢をとることが基本だ。そして、首ではなく腰からスッと上体を前に傾ける。手は軽くももの上に重ねると美しい立礼の姿になるだろう。

日本人の品格が漂う美しい座礼のしかた

最近ではあらたまった席もテーブルであることがほとんどで、和室に通される機会は少なくなった。だからこそ、いざというときにきちんとした座礼ができると、それだけで周囲からは一目置かれた存在になるだろう。

座礼にも「草の礼」「行の礼」「真の礼」があり、上体を倒す角度の目安は立礼と同じだが、手を添える位置は3段階でそれぞれ異なってくる。

「草の礼」は膝の脇に手のひらを置いて指先を畳に軽くつけ、「行の礼」は指先を10センチほど離して手のひらを畳に八の字にして膝の前に置くようにする。もっとも丁寧な「真の礼」は、親指と人差し指で三角形をつくり、そこに向かって鼻を近づけるイメージで深々と頭を下げる。

首は垂れずに背骨の延長線上にあることを意識し、ひじは横に張り過ぎないように心がけたい。

座礼のときの手を置く位置

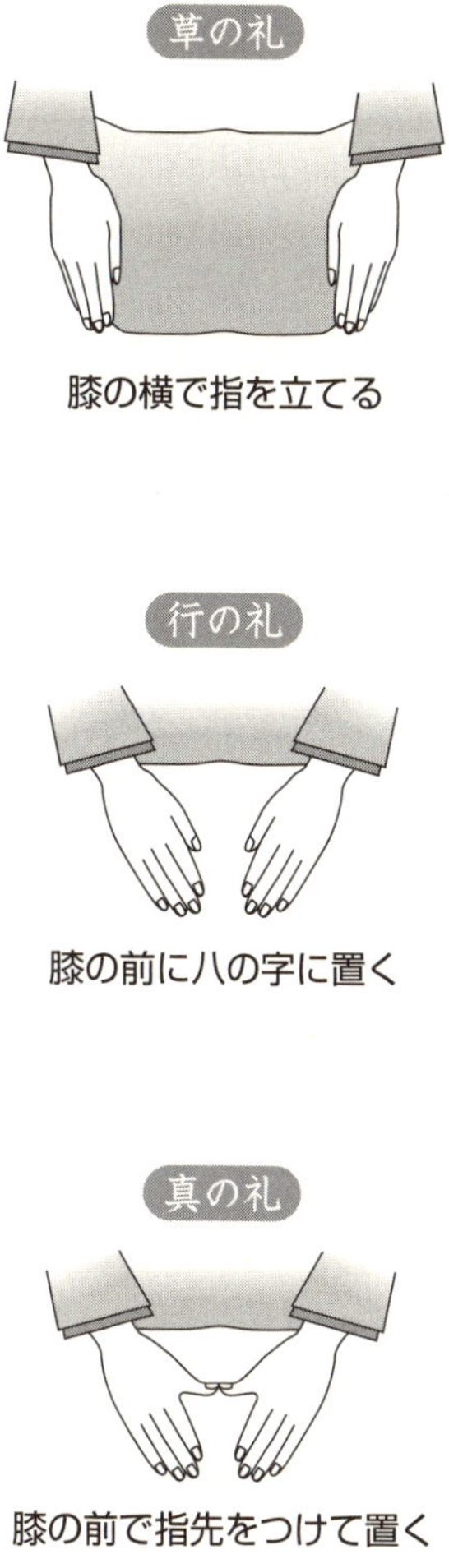
草の礼
膝の横で指を立てる
行の礼
膝の前に八の字に置く
真の礼
膝の前で指先をつけて置く

大人のおしゃれは「清潔感」が基本です

大人のおしゃれと聞くと、流行のスーツやかばんを想像する人もいるだろう。しかし、肝心なのは何より清潔感である。

一流のビジネスパーソンを見てみると、ファッションよりも、とりわけ清潔感にはとことん気を使っているのがわかる。たとえ一部分でも不潔だという印象を与えた時点で、相手からの好感度が一気に下がることを知っているからだ。

その清潔感を出すための第一歩は、まず朝の時間に余裕を持つことである。

顔を丁寧に洗って、歯を磨き、ヘアスタイルをしっかり整え、鏡の前でしっかりチェックする。そうすると、自然と気持ちも引き締まって清清《すがすが》しくなり、内面から清潔感の漂う大人になれるのだ。

自分で気づきにくい「臭い」こそケアが大事

自分では、なかなか気づかないのが口の臭いである。口臭については周囲も注意しにくいので、本人だけが知らないまま周囲の人たちが不快な思いをすることになる。

そのため、トップセールスマンなどがもっとも気を使っているのが口臭のケアだ。食後の歯磨きはもちろんのこと、商談相手と会う前にはしっかりと歯磨きをする、またはブレスケアのガムやタブレットなどを携帯しているという人も少なくない。

なかには歯科医院などで定期的に歯垢を取ってもらうなど、デンタルケアを欠かさない人も多い。虫歯や歯垢が口臭の原因になることもあるからだ。

ちなみに、商談の前にニンニクを使った料理を控えるのは当然の心がけである。ふだんからできる限りのケアをして周囲に不快な思いをさせないことが大切なのだ。

美しい「歩き方」と身のこなし方

自分の歩く姿は常に誰かに見られている

生まれてきたばかりの人間は、1年もすれば自分の足で立ち、そして歩くようになる。しかし、生まれながらにして身についた歩き方は、よほど不恰好でない限り誰かに矯正されることはない。大人になっても変わらないものだ。

だが、近所でも職場でも、自分の歩く姿が常に第三者の目にさらされていると思えばやはり無頓着ではいられない。見た目にも美しく、それでいて窮屈さを感じない「正しい歩き方」をこの機会に習得しておきたい。

そこで、まず歩くときに意識するのは「体の軸」と「重心」、そして「足の運び」である。とりわけ軸と重心がしっかりしていれば、足は勝手に動いてくれる。

つまり、しっかりと芯が通った姿勢で歩を進めれば、おのずと美しい歩き方になるというわけである。

いい大人がダラダラと歩く姿はどうにも品性に欠けるが、リズミカルな足さばきをしながら歩く人は、身のこなし方までもが無駄なくスマートに見えてくるものである。

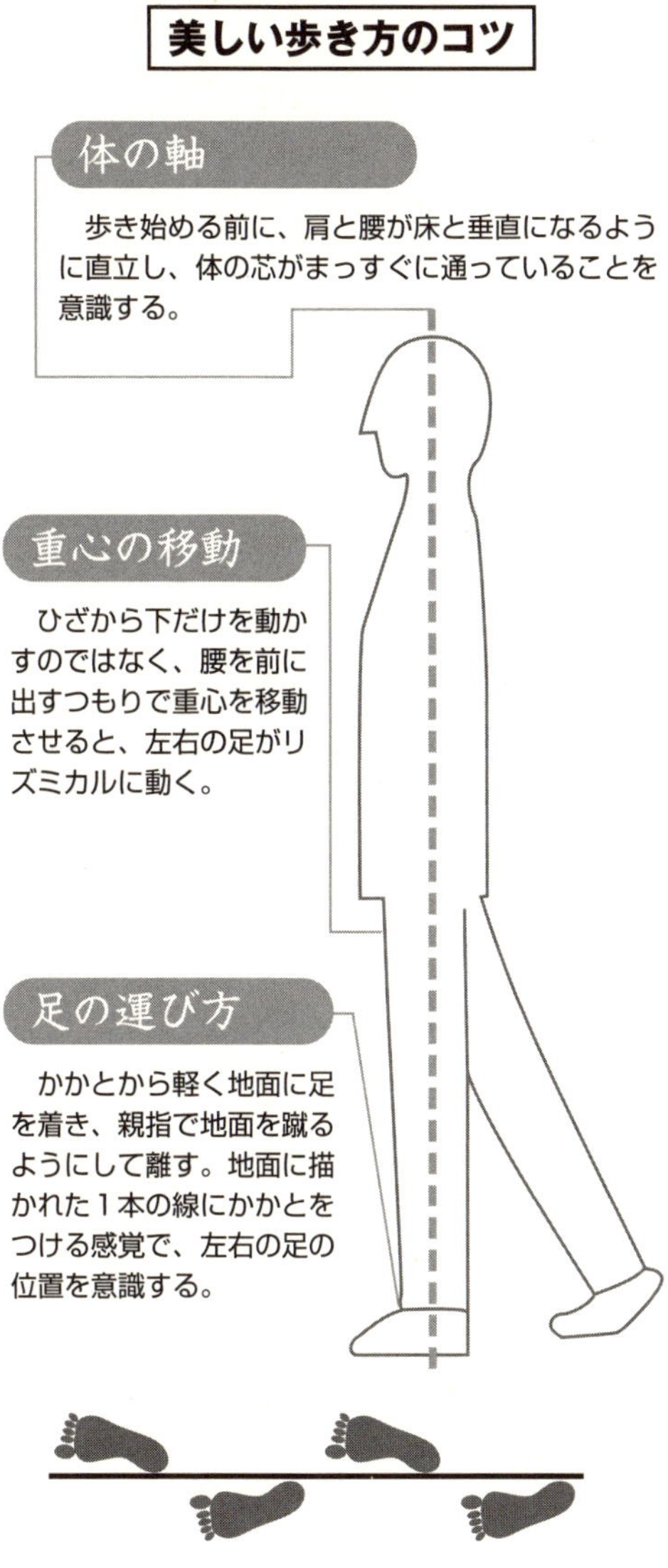
美しい歩き方のコツ
体の軸
歩き始める前に、肩と腰が床と垂直になるように直立し、体の芯がまっすぐに通っていることを意識する。
重心の移動
ひざから下だけを動かすのではなく、腰を前に出すつもりで重心を移動させると、左右の足がリズミカルに動く。
足の運び方
かかとから軽く地面に足を着き、親指で地面を蹴るようにして離す。地面に描かれた１本の線にかかとをつける感覚で、左右の足の位置を意識する。

「スーツ」のメンテナンスを習慣にする

どんなに忙しいからといって手を抜いてはいけないのが、毎日のスーツのメンテナンスである。なぜなら、スーツはビジネスパーソンの制服ともいえるもの。その着こなし方で、仕事ができるかどうかの印象も大きく変わってくるからだ。

たとえば、シワにならないように仕事から帰ってきたらスーツはすぐに脱ぐのが鉄則だ。そして、脱いだスーツはその辺に放り出さずに、きちんとハンガーにかける。

さらに、できる人はこのあとにひと手間をかける。ブラシでゴミを取り、シミやシワがないかをチェックして、クリーニングに出すなどメンテナンスをするのだ。

いくら高級なスーツでも、手入れを怠っていればだらしない印象しか与えない。日々の手入れが洗練された一流の着こなしにつながっていくのである。

「靴」への気配りを怠ってはいけない

老舗料亭の女将や一流のホテルマンが客を判断するのは、靴だという。ただし、どんなブランドの靴を履いているのかという問題ではない。どれだけきちんと手入れが行き届いているかを見られるのである。

どんなに上質のスーツを着て高級な腕時計をつけていても、足元を見たら泥のついた靴で、かかとは磨り減ってボロボロ…。そんな状態だったら、この人は「たいした人物ではないな」とひと目で見破られてしまうわけだ。

一方で、靴磨きを欠かさず、型崩れしないようにシューキーパーを入れ、かかとが減ったら修理に出す。そうやって手入れを怠らない人の靴は、たとえ履きこんでいても上品な味わいのある靴になってくる。靴は人を表すのである。

エレガントな「視線」と「手のしぐさ」

「視線」は心を伝え「手」には本音が出る

どんなにそつなくふるまっても、これを不誠実にすれば、すべてが帳消しになってしまう…。そんな恐れがあるのが視線の置き方だ。

相手といっさい目を合わせなかったり、いつも目をキョロキョロとさせていては、非常識で落ち着きのない人だと思われてもしかたがない。かといって、相手の目を凝視しすぎるのも考えものである。視線とは、親しみ、関心、敬意など、自分の相手に対する心情がにじみ出るものだと考えるべきだろう。

同様に、つい雑になりやすい「手のしぐさ」にも気を配りたい。

心理学的観点では目や言葉遣いと同じように、手のしぐさにもその人の本音が表れるといわれている。いくら丁寧な言葉遣いをしても、ちょっとした指さしやモノを扱うときの手のしぐさが雑だと、相手は自分がぞんざいに扱われているように感じてしまうものだ。

美しい立ちふるまいの達人になるには、こうした細部にまで心を配ることが必要なのである。

品のある視線の置き場所

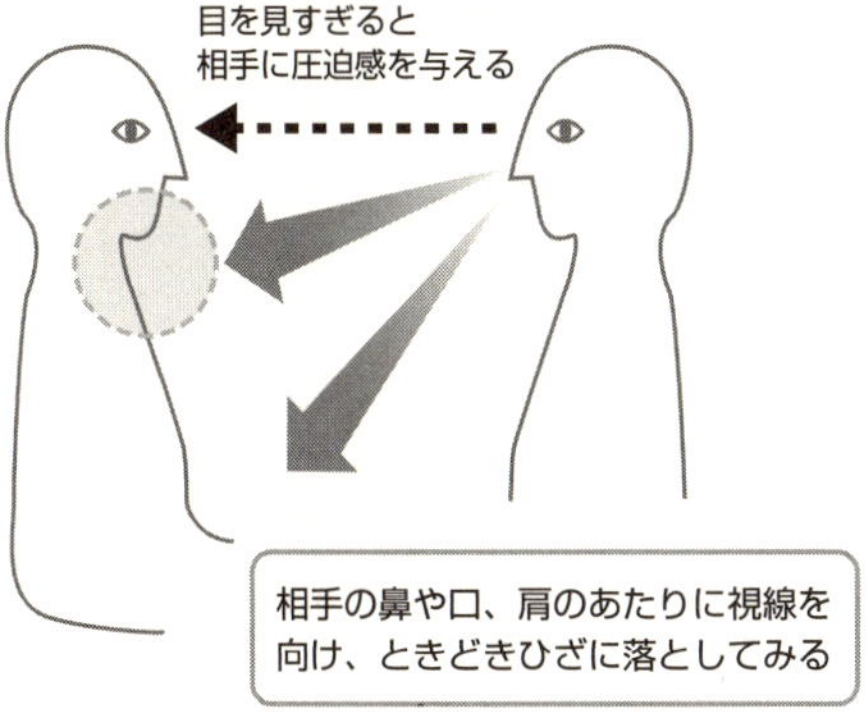
目を見すぎると
相手に圧迫感を与える
相手の鼻や口、肩のあたりに視線を
向け、ときどきひざに落としてみる

エレガントな手のしぐさ

物を持つときに、指先まで自然に伸ばす。

人や物を指すときは手のひらを上に向ける。このとき、
手首を曲げずに指先まで一直線に伸ばすと美しい。

品位を落とす「七癖」とは？

相手を不快にさせたらそれは悪癖である

「なくて七癖、あって四十八癖」という言葉があるように、ついやってしまう癖は誰にでもあるものだ。

昔から自覚はしているものの直せない癖や、他人から指摘されて初めて気づいた癖などそれぞれあるだろうが、問題はその中身である。

たとえば、表情の癖や面白い口癖など、それが個性につながるようなものであればいいが、なかには見る者を不快にさせるだけの癖もある。貧乏ゆすりなどはその最たるものかもしれない。

よく癖にはその人の深層心理が表れるといわれるが、貧乏ゆすりは飽きっぽさを感じさせるし、ドアを閉めるときや、歩くときなどに大きな音を立てる人は大雑把で気が利かない印象を与えてしまう。

本人は何気なくやっていることでも、これらの癖は傍から見れば品性に欠ける〝悪癖〟にほかならないのだ。

品位を落とす七癖
貧乏ゆすり
頬杖をつく
大きすぎる身振り手振り
髪をさわる
手刀を切る
人の前で服の乱れを直す
大きな音を立てる

これを直すには本人の自覚と、あとはひたすら注意するしかない。近しい人にお願いをして、その癖が出たらその都度指摘してもらうのも有効だ。

くれぐれも「癖だからしかたがない」と開き直るのだけはやめておこう。

「かばん」の中身は常にチェックしておく

第一線で活躍するビジネスパーソンの多くは、かばんの中がきちんと整理整頓されているものだ。たとえ書類でいっぱいになっていても、何がどこに入っているかがわかっている。だから、商談中でも必要な書類をさっと見つけて出すことができるのである。

というのも、できる人のかばんの中には不必要なものがほとんど入っていないのだ。そのためには、かばんの中身を毎日入れ直して、その日に必要なものだけを持っていくようにするといいだろう。

そうすることで頭の中も整理されることになり、一段と効率が上がるはずだ。いずれにしても、かばんの中をゴソゴソと探している姿はいただけない。だらしない印象を与えるばかりか、信頼を落とすことになるので気をつけよう。

第2章

誰が相手でも恥ずかしくない「話し方」

その場に合わせた「笑顔」のつくり方

笑顔をつくるのが苦手な日本人

子どもの頃から写真を撮られるのは好きではないという人は少なくない。自然な表情をつくるのが苦手で、いつも仏頂面で写ってしまうのがその理由だという。

写真に限らず、初対面であいさつを交わすときやちょっとした会話などでも、さりげなく笑顔をつくれる人の印象がいいのはいうまでもない。いったいどうすれば、笑顔をつくれるようになるのだろうか。

まず、なんといっても気をつけなくてはならないのが「口角」である。

人間の口角は笑えば自然と上がるが、じつは、日本人のおよそ8割は口角が下がっているという事実がある。いわゆる「への字口」なのである。

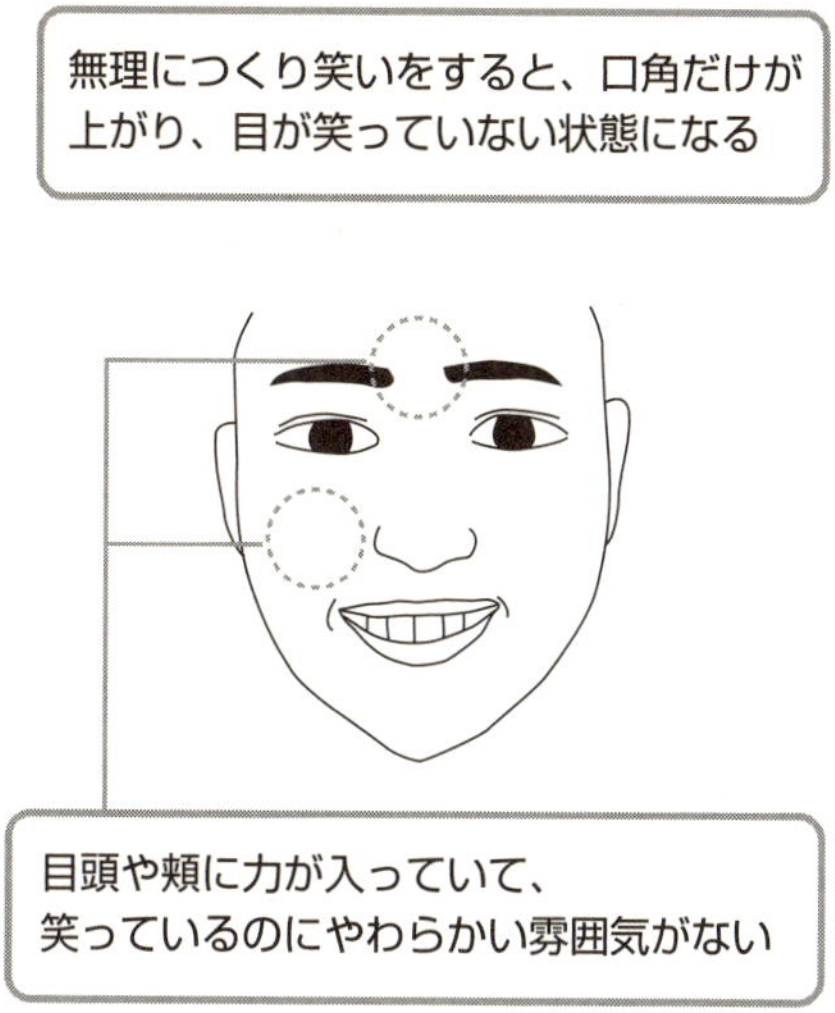
無理につくり笑いをすると、口角だけが上がり、目が笑っていない状態になる
目頭や頬に力が入っていて、笑っているのにやわらかい雰囲気がない

外国人からすれば日本人がどこか気難しく、あまり陽気に見えないのもこれが理由かもしれない。どうも我々は、自然な笑顔をつくるのがもともと苦手なようなのだ。

この〝ハンディ〟を考えると、より意識して口角を上げるようにしなければ、相手に自分の笑顔を印象づけるのは難しいということになる。

しかし、このことばかりを意識して笑うと、今度はどこかに不自然さが出る。いわゆる目が笑っていない「つくり笑顔」になってしまうからだ。

とはいえ、その時々の状況や相手によってはつくり笑顔が必要になることもあり得るし、日頃からそれを気にかけて笑顔をつくる練習をしてもいいだろう。とにかく、口角を上げることを習慣化させることが大切なのだ。

表情豊かで立体的な笑顔を目指すには

では、つくり笑顔と自然な笑顔の違いはどこにあるのかというと、それは「動き」だ。つくり笑顔が平面的なのに対し、自然な笑顔は眉が上下したり、頬が緩んだり、ときには白い歯がこぼれたりと立体的になる。

もちろん、いくら愉快だからといってガハハッと無造作に笑ったりするのは品位に欠けるが、「楽しい」「面白い」といった感情が豊かに表現されているほうが表情に動きが出てくるし、しかも相手に好感を持ってもらえる。

笑顔が苦手だという人は、まずは鏡でじっくりと自分の顔をチェックしてみてほしい。たとえば、眉間のしわや頬のこわばりなどは、トレーニングと心がけしだいでいくらでも解消できる。

顔全体が豊かでやわらかな雰囲気を醸し、なおかつ品の良さも感じられる。こんな笑顔が似合う大人を目指そう。

好印象を与える自然な笑顔

頬

頬を少し上げると、やわらかく丸みを帯びた状態になる。口角に力を入れすぎると、頬が硬くなって不自然な笑みになる。

眉間

眉が顔の外側に向けて広がっていくイメージ。眉間の力がほどよく抜けている。

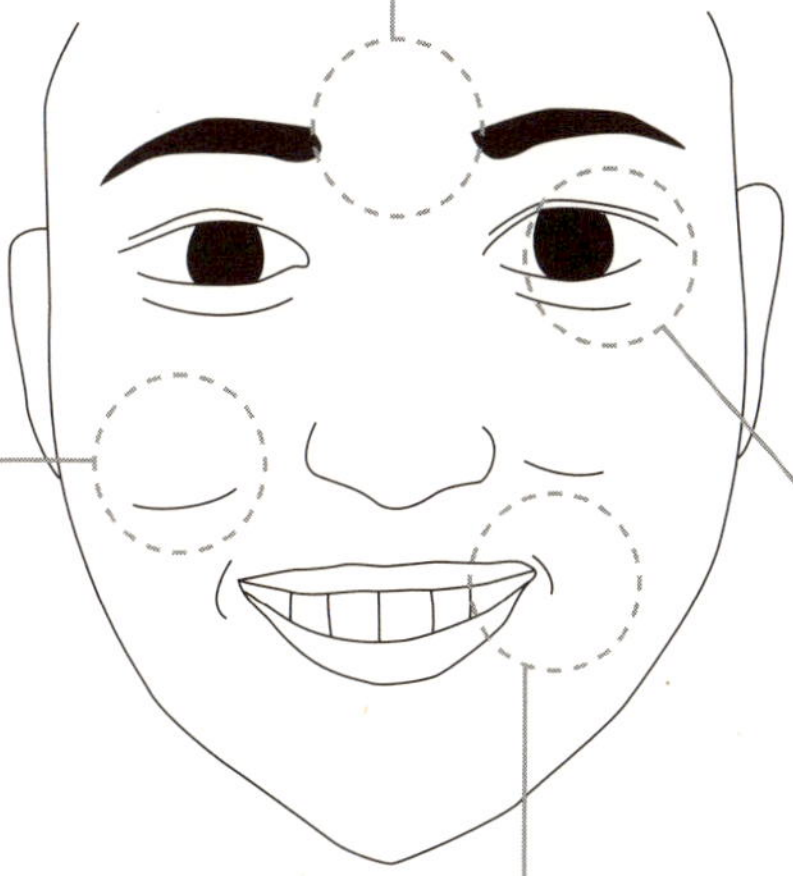

口角

唇が自然な大きさに横に広がっていて、口角はやや上がり気味になる。

目元

見開いた目よりもやや細くするとやさしい雰囲気が出せる。細めすぎるとかえって不自然に見える。

「アイコンタクト」は7秒以内にする

好感の持てる話し方をするためには、まず「人の目を見て話す」のが基本である。だが、このアイコンタクトが思いのほか難しい。じっと凝視すれば相手は居心地が悪くなるし、逆にチラチラと視線を外してばかりいると不信感を与えることになる。

そこで、好感が持たれるアイコンタクトのコツだが、相手を見続ける時間を7秒以内にすることだ。これくらいの時間なら、相手もこちらの視線に違和感を覚えずに自然に話を続けることができる。

また、そのときに大切なのが目線の角度である。上から見下ろすような目線になると、威圧感を与えてしまうし、逆に下から上目遣いになると頼りない印象を与えることになる。ちょうど真っ直ぐに目線が合うように顔の高さを調整することがポイントだ。

状況に応じた「あいづち」を打つのがポイント

周囲から慕われ、成功している人には聞き上手な人が多い。ベラベラと話し過ぎてイヤな顔をされることはあっても、相手の話に耳を傾ければ嫌われることはないはずだ。

そうした聞き上手になる一番簡単なコツは、上手なあいづちをすることである。ポイントは、心をこめてあいづちを打つことだ。「あー、はいはい」と早口で言ったり、「はぁ？」と間の抜けたあいづちなど、明らかに心がこもっていないのは相手に失礼なだけである。

また、状況によって口調や声のトーンを変えることも重要だ。

たとえば、仕事で指示を受けているときには快活な口調とともにあいづちを打ち、相談を受けているときには神妙なトーンであいづちを打つのだ。意識して状況に応じて使い分ければ、人間関係は見違えるようによくなるはずだ。

耳に心地よい「声」の出し方

声のコンプレックスは発声法で軽減できる

会話をしていて話し声が心地よく聞こえる人がいたとする。さほど美声というわけではないのに、なぜか耳になじむ。こういう人は、じつは声の出し方が上手なのだ。

たとえば、会ったことのない人と電話だけで話をするような場合、その人の印象は受話器越しの声がすべてになる。

たとえば、話している最中に一方的にまくしたてたり威圧的だったりすると、なんとなくその人のことを一筋縄ではいかないような気難しいタイプに感じてしまうものだ。

そもそも声は、声帯や口腔、鼻腔の違いにより個人で異なる。

指に指紋があるように、声には周波数などをグラフ化した声紋があり、今では犯罪捜査

聞いていて心地よい声とは

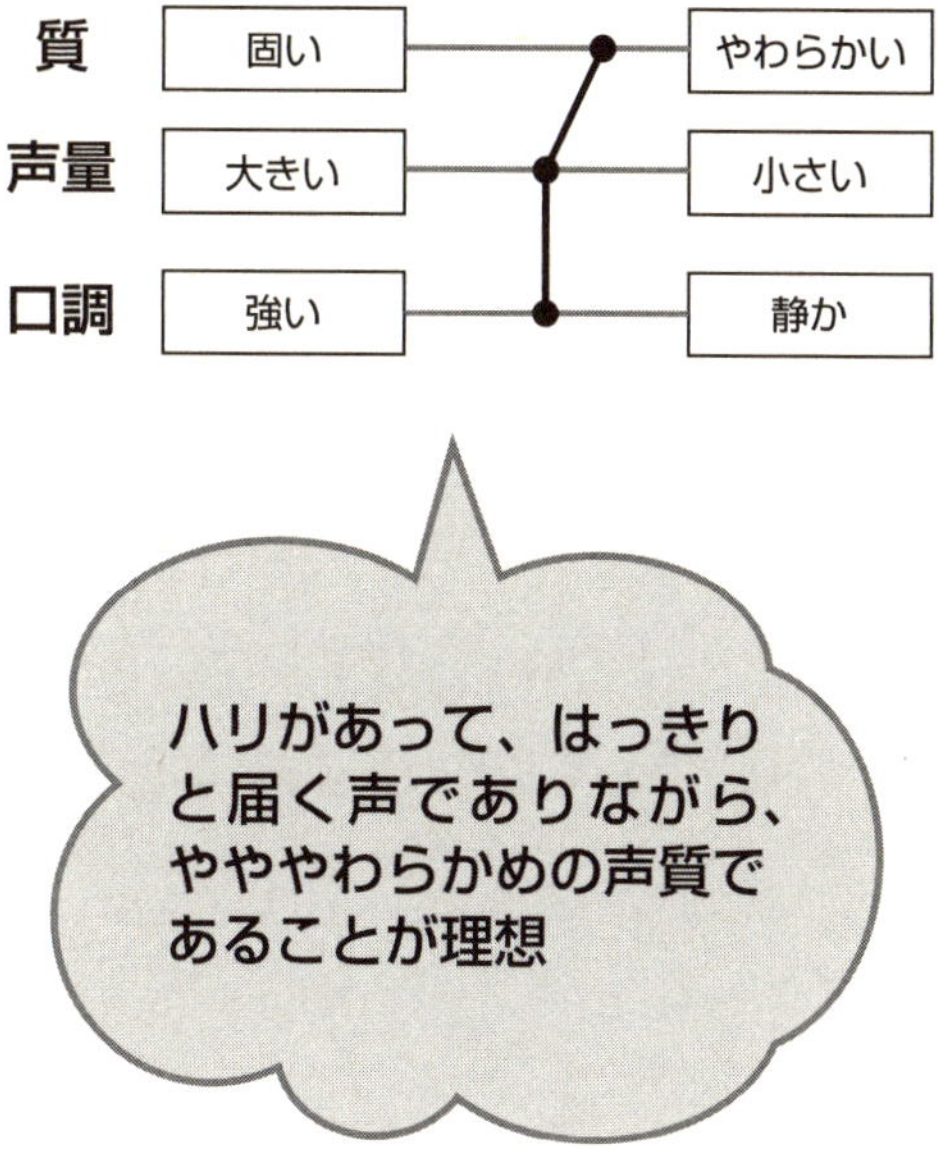

にも使われるほど個人を特定するデータとして活用されている。

インパクトのあるシンガーになりたくてわざと声を潰したなどの特別な事情がない限り、声は変えようのない本人の個性のひとつなのである。

自分の声が美しくないと悩んでいる人もあきらめることはない。じつは、そのコンプレックスを少しでも解消できるテクニックがあるのだ。

理想は共鳴させて発声する「通りのいい声」

人は「いい声」を出そうとすると、丁寧にしようとするあまり極端に静かな口調になるか、逆に、わかりやすくするために大きい声を出す傾向がある。

だが、物静かな口調は品があっても肝心の話の内容が伝わりにくいし、反対に必要以上に大きい声はぶしつけで、しかも知性に欠ける印象をもたれてしまう。

心地よい声というのは、ハリがあって声質がやわらかなことで、言葉はきちんと相手の耳に届きつつも、けっして耳障りにならないものである。

そのためには、「頭声《とうせい》」といって頭の中で声を響かせることが大切になってくる。

たとえば声楽のレッスンでは、喉だけで歌おうとせず、自分の身体を使ってしっかり共鳴させて発声するように指導されるが、それと同じ理屈である。

目指すのは、いわば通りのいい、広がりのある声なのだ。

話し方や言葉の選び方も重要だが、その前に相手を不快にさせない発声法も練習しておきたい。

たったそれだけで会話全体が引き締まり、どこか知性も漂うはずだ。

ハリがあってやわらかい声の出し方

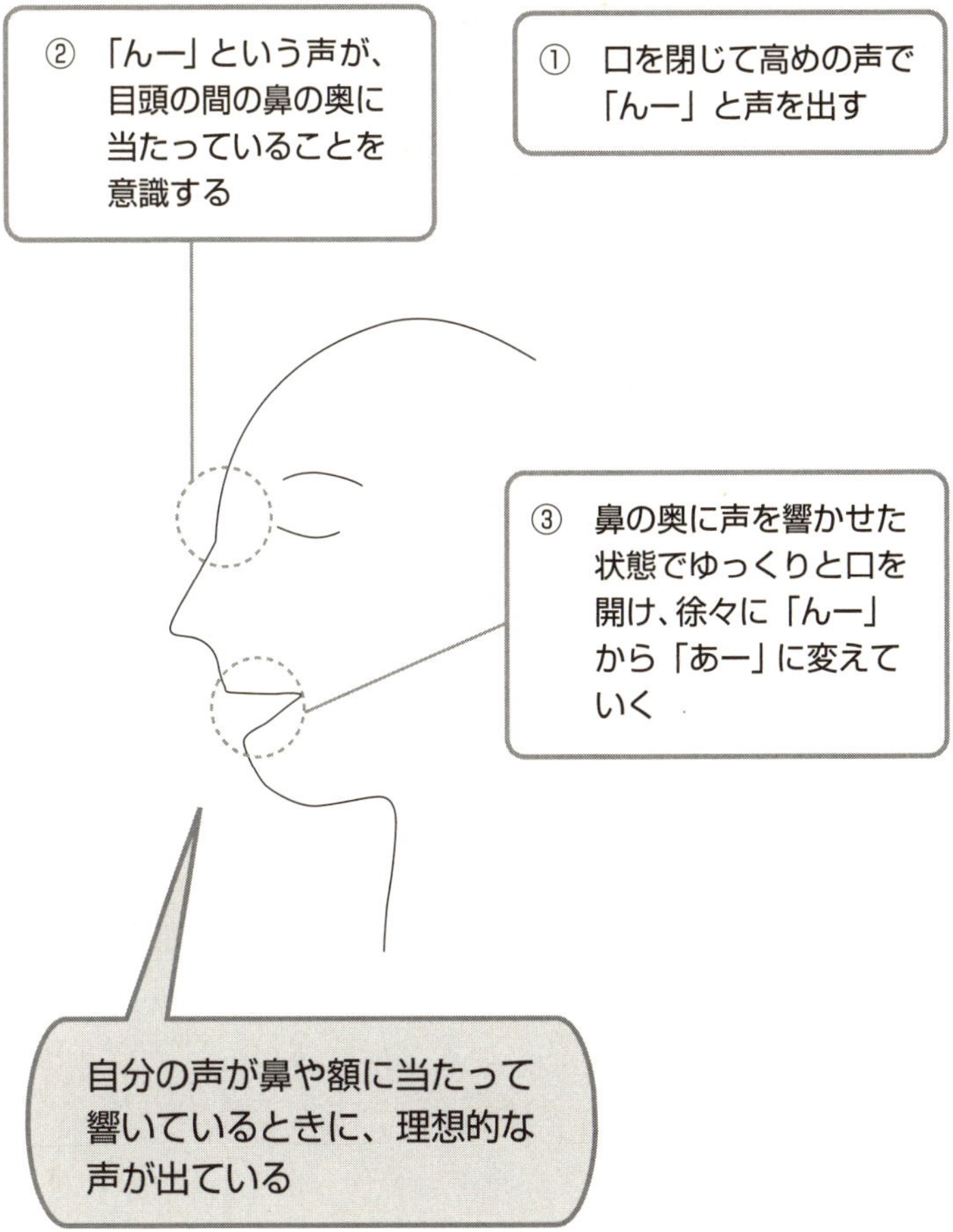
① 口を閉じて高めの声で「んー」と声を出す
② 「んー」という声が、目頭の間の鼻の奥に当たっていることを意識する
③ 鼻の奥に声を響かせた状態でゆっくりと口を開け、徐々に「んー」から「あー」に変えていく
自分の声が鼻や額に当たって響いているときに、理想的な声が出ている

「感謝」は早く伝えるに限る

円滑な人間関係を築くために忘れてはいけないのが、相手に感謝の気持ちを伝えることである。「ありがとうございます」というひと言を伝えるか伝えないかで、相手との関係は目に見えて違ってくる。

最近は、この感謝の言葉をうまく伝えられない人が増えているが、最大のコツはタイミングである。感謝を伝えるのは、早ければ早いほどいい。できればその日のうちに、遅くても次の日には伝えるようにすることだ。あまり遅くなってしまうと、相手も「今さら感謝されても…」と、空々しく感じることになる。

もうひとつのポイントは、「昨日は適切なアドバイスをありがとうございます。○○さんのおかげで成果につながりました」などと、具体的に伝えることだ。

コミュニケーションは「間合い」を知ることから始まる

話している最中にもかかわらず「そういえば、この間…」などと、こちらの話にかぶせるようにして会話を挟んでくる人がいる。こういう人は、相手との適切な「間合い」の取り方を知らない人だといえる。

ふつうであればこちらの話を聞き終えて、適当な「間」を取ってから自分の話を始めるところを、人が話し終わらないうちに話し始めてしまう。これだと話していた人は「聞いてもらえなかった」と感じて面白くないだろう。

会話における適切な間は、相手が話し終えてからひと呼吸置くことだ。そうすると、相手もしっかりと話し終えたと感じて満足する。

適切な間合いは、周囲とのスムースなコミュニケーションに欠かせないものなのだ。

相手を心地よくする「丁寧語」のコツ

美しい言葉遣いの判断基準

美しい日本語で話している人を見ると、それだけでその人の好感度は高くなる。とりわけ丁寧語を正しく使えているかどうかは、大きな判断基準ではないだろうか。

たとえば、ビジネス会話で間違えやすい尊敬語や謙譲語に比べれば、「です」や「ます」といった丁寧語は、社会人であれば使えて当たり前ともいえる。ところが、実際はそうとは限らないのだ。

なかには、あれっと思うような言葉遣いで周囲を驚かせるような人もいる。実際、言葉の使い方ひとつで「非常識な人」というレッテルを貼られてしまうこともあるから要注意だ。

誤って使いやすい丁寧語

やらさせていただきます。
手伝わさせていただきます

正しくは「やらせていただきます」「お手伝いします」。「〜させていただく」は、あまり多用すると失礼になる。

山田部長**さま**、
お願いします

「部長」「課長」といった肩書きが敬称なので、「さま」や「さん」はつけない。

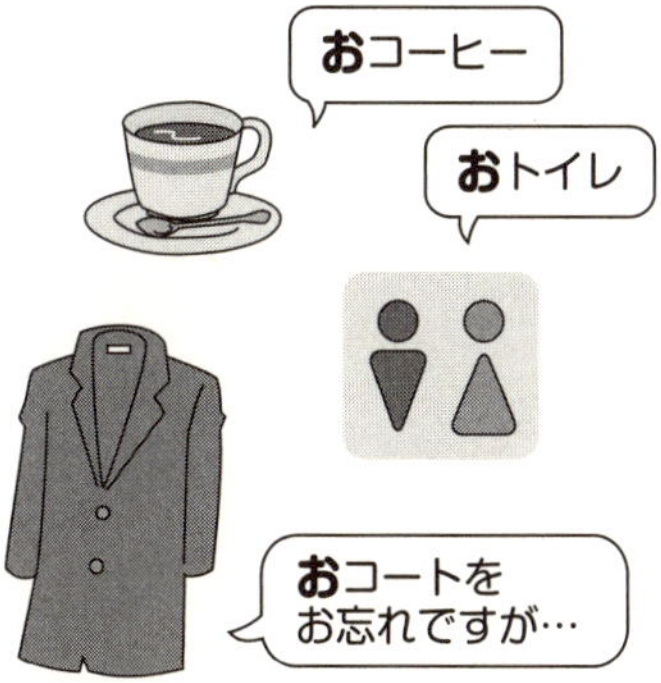
おコーヒー
おトイレ
おコートを
お忘れですが…

カタカナで表記する外来語には基本的に「お」はつけない。

ご質問があります

自分の行動や動作に対しては「お」や「ご」をつけない。

美化語の多用や敬称の重複に注意

よくあるパターンが、品よく丁寧に話そうとすればするほどおかしな言葉遣いになってしまい、結果として相手に敬意を表するつもりがとんだ無礼を働いてしまうといったケースだ。

たとえば、つけないよりつけたほうが無難だとばかりに、やたらと「お」や「ご（御）」といった〝美化言葉〟を多用することで丁寧さを表したり、肩書きに「さん」「さま」をつけて敬称を重ねたりすることである。

こうした間違いは、知っている人からすると不快なだけでなく、その人自身が幼稚に見えてしまう。

だが、よほどの大失敗でない限り、その間違いを指摘されることもないから、本人は気づかないまま使い続けてしまうのだ。

場馴れしていないと言葉の癖が出やすいぶん、失敗も繰り返しやすい。これを機会に、スマートに使いこなせるよう学び直してはどうだろうか。

使いこなしたい尊敬語と謙譲語

同じ行動や動作を意味していても、「尊敬語」と「謙譲語」、「丁寧語」で言葉遣いが異なるのは、そこに相手を敬う気持ちが込められているからである。会話や手紙、メールなどでも、こうした正しい日本語を使いこなすことができれば、それだけで常識ある大人としての資質を身につけたも同然だろう。

	尊敬語	謙譲語	丁寧語
思う	思われる	存じる	思います
言う	おっしゃる	申し上げる	言います
会う	お会いになる	お目にかかる	会います
買う	お求めになる	――	買います
借りる	お借りになる	拝借する お借りする	借ります
聞く	聞かれる お耳に入る	うかがう	聞きます
着る	お召しになる	――	着ます
来る	お見えになる いらっしゃる	参る	来ます
知らせる	お知らせになる	お耳に入れる お知らせする	知らせます
知る	お知りになる	存じる 存じ上げる	知ります
する	なさる	いたす	します
訪ねる	お訪ねになる	うかがう 上がる	訪ねます
食べる 飲む	召し上がる	いただく 頂戴する	食べます 飲みます

とっさの場面で差がつく大人の「あいさつ」

相手の心に寄り添い、自分の言葉で声をかける

禅宗では、相手の悟りの深さを伺うために修行者同士が問答を繰り返すことを「一《いち》挨《あい》一《いっ》拶《さつ》」という。

「挨」と「拶」にはいずれも「押す」「迫る」といった意味があり、このことからも修行者が相手に近づき言葉をかけ合っていた様子が想像できる。

いうまでもなく、この「一挨一拶」が「あいさつ（挨拶）」という言葉の語源だ。相手の声かけに返答し合う様子が転じて、現在のような意味として定着したと考えられているのである。

ところで、ひと口にあいさつといっても日常のあいさつもあれば、冠婚葬祭など改まっ

心のこもった品のあるあいさつとは

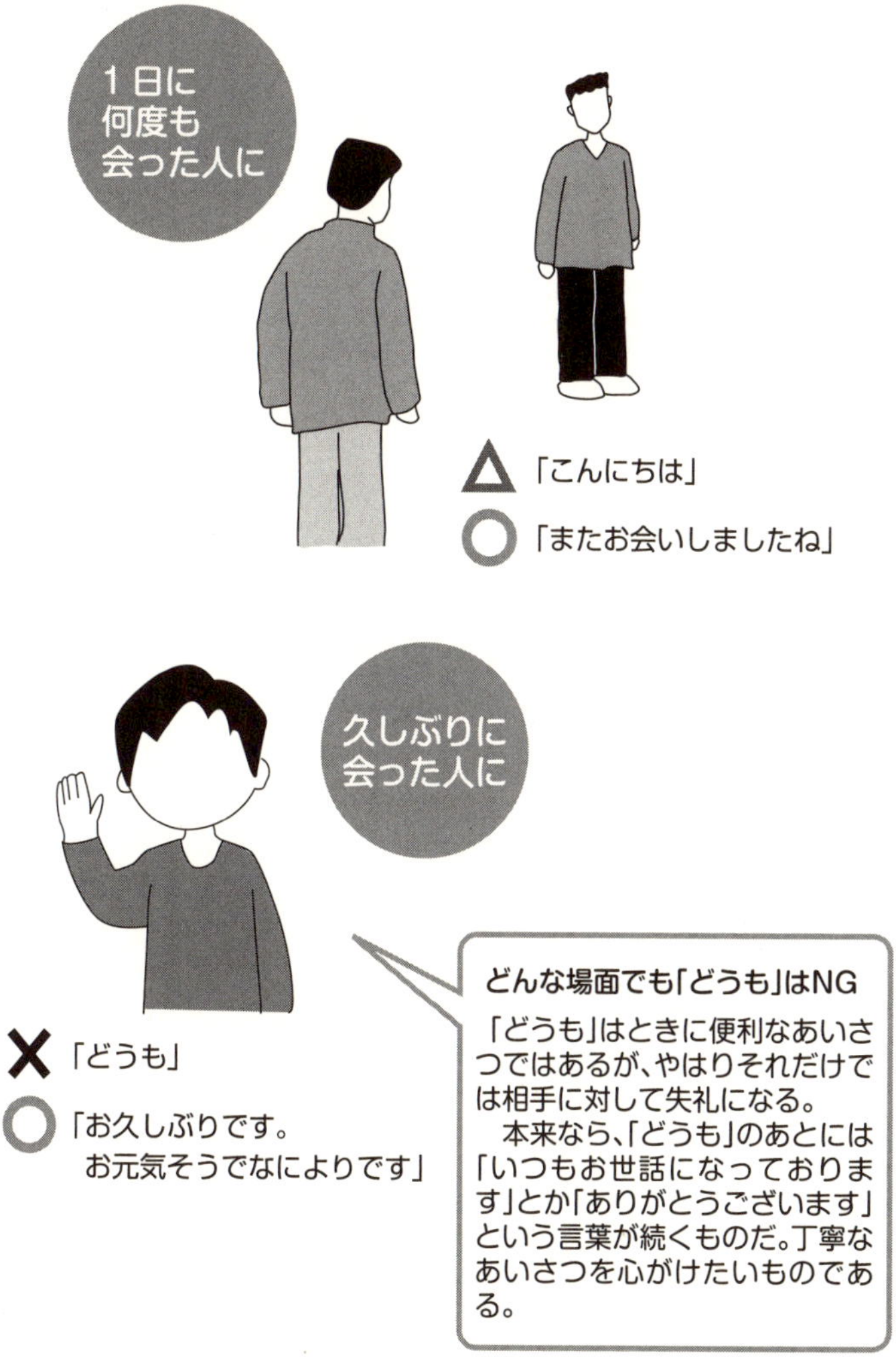
１日に
何度も
会った人に
△「こんにちは」
○「またお会いしましたね」
久しぶりに
会った人に
×「どうも」
○「お久しぶりです。
お元気そうでなによりです」
どんな場面でも「どうも」はNG
「どうも」はときに便利なあいさつではあるが、やはりそれだけでは相手に対して失礼になる。
本来なら、「どうも」のあとには「いつもお世話になっております」とか「ありがとうございます」という言葉が続くものだ。丁寧なあいさつを心がけたいものである。

た場面でのあいさつもある。

「おはよう」「おつかれさま」と気軽に声をかける場合ももちろんだが、とりわけお祝いやお悔やみの言葉ではその人の人柄や品格が滲《にじ》み出るものだ。

たしかにあいさつには社交辞令という側面もあるが、何から何まで紋切り型ではあまりにも心がなさすぎる。常識やマナーを重んじながらも、相手の心情に寄り添う言葉を自分で選択するのがベストだろう。

口先だけのあいさつは未熟さの表れ

たとえば、知人宅へ訪問した際、手土産を「つまらないものですが」と謙遜して差し出すのは、ひと昔前であれば日本人として当たり前だったが、さすがに最近ではやや時代遅れの感がある。

同じ謙遜するのでも、本当にお粗末と感じさせる「つまらない」という言葉を使うのではなく、「ささやかですが」とか「ほんの気持ちですが」にしたほうが気持ちは伝わるし、あるいは「地元で評判のお菓子で」とか「我が家の好物なのですが、お口に合うかどうか」のように、選んだ理由を伝えてしまうのもいい。

逆の立場になってみれば、こうした言い回しをされるだけで「自分のために贈り物を選んでくれた」ことがさりげなく伝わり、受け取ったほうの心が温かくなるはずである。

一挨一拶の意味を借りれば、あいさつはお互いが相手の心を図り、またそれに切り返すことで心を通わせるもの。口先だけのあいさつは虚しいだけでなく、どこか人として未熟な印象を受けるので気をつけたいものだ。

手土産を渡すとき

✕「あの、つまらないものですが…」

○「いつもお世話になっております。ささやかですが…」

お通夜お葬式で

△「このたびはご愁傷さまです」

○「このたびは突然のことで、何と申し上げればよいか…」

できる大人は話を「核心」から始める

一流企業のトップの話を聞いていると、話を「核心」から始める人が多い。つまり、結論から話し始めるのだ。

これはビジネスでは当たり前のことである。というのも、時間に追われるビジネスシーンでは、だらだらとした話を聞くほど相手も時間に余裕がないことが多い。

たとえば、「A社との商談が成立しました」と、もっとも重要な部分から先に話し始めれば、相手も会話の概要を把握できる。どういう経緯で成立したかなどの説明はあとからつけ加え、仮に上司の時間がなければ報告書などでも知らせることはできる。

一方で、延々と経緯を説明したあとで結論となると、うんざりして要領を得ないやつだという印象を与えるだけである。

「ボキャブラリー」を増やす努力を惜しまない

どんなにいい内容の話をしても、語彙《ごい》が少なかったり言葉遣いが幼稚だったりすると、それだけで自分の知識や品の無さを露呈しているようなものである。

一方で、深みのある話し方をする人に共通しているのが、言葉遣いが丁寧で語彙がとても豊富だということだ。そのときの気持ちや状況をピタリと言い表す言葉を巧みに使い分け、ことわざや四字熟語、名言などを織り交ぜながら話をする。

言葉の種類や知識は多ければ多いほどワンランク上の会話力が身につくというわけだが、そのためには日頃から活字に触れる機会を増やすことだ。新聞や雑誌、書籍など、さまざまなジャンルを読み、わからない単語が出てきたらすぐに辞書をひく。心に残るフレーズや格言はノートに書き記しておくくらいの気構えはほしいものだ。

一瞬で身につく「スピーチ」の基本

人前で話すのは誰でも苦手である

ビジネスや結婚式などでスピーチを任されたのはいいけれど、すっかりあがってしまい、実力の半分も出せなかったという苦い経験をしたことはないだろうか。

よほどの強心臓でない限り、人前で話すときは誰でも緊張するものだ。とくに資料や原稿をただ読み上げるのではなく、自分の言葉で話さなくてはならないスピーチとなれば、舞い上がってしまうのも無理からぬところだ。だが、いつまでも苦手なことを言い訳にするのも大人として恥ずかしい。

歴史上には、ジョン・F・ケネディやキング牧師など、スピーチの名手と呼ばれた偉人も多いが、では彼らを手本にすればいいのかといえば、さすがにそれには無理がある。

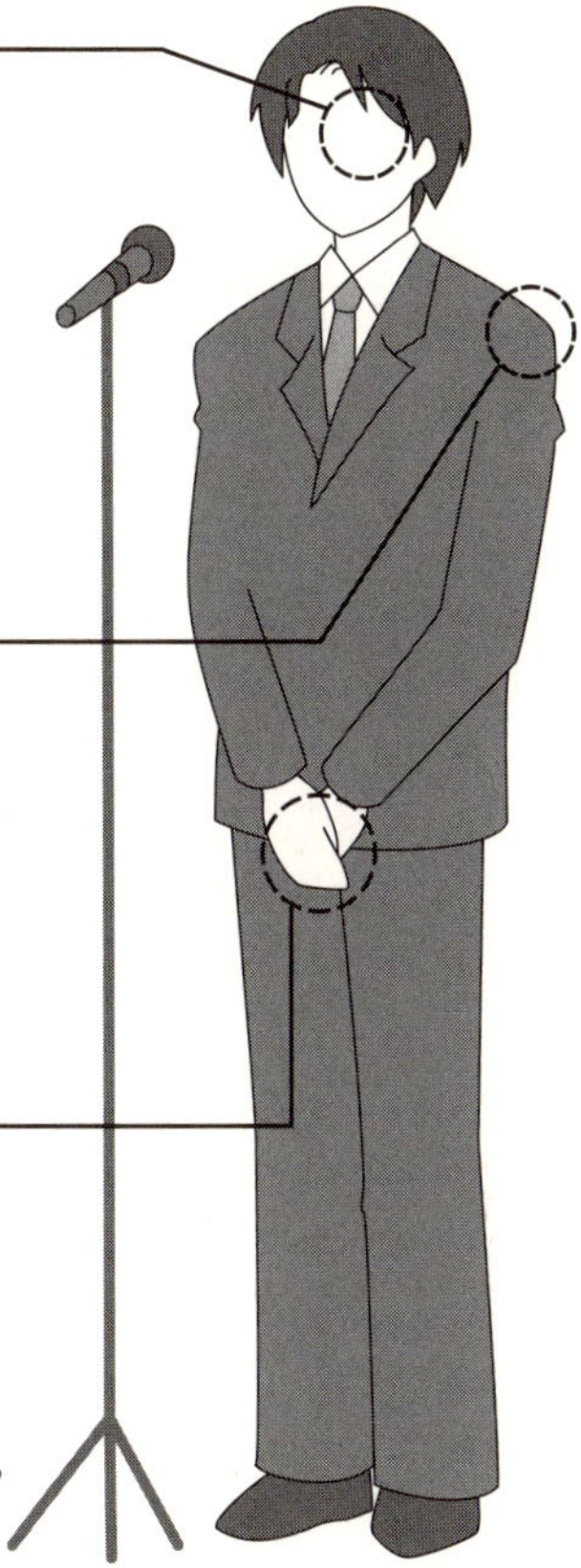

目線

一点を見つめすぎたり、キョロキョロすると自信のない印象を与えるので、全体をゆったりと見渡すようにする。

姿勢

背筋を伸ばしてあごを引き、きれいな直立の姿勢をとりながらも、肩の力は抜く。

手の動き

立っているときは、両手を軽く前で組んでおくのが基本。物を指し示したり、方向を示したりするときは、手首から指先までを伸ばして手を意識的にきれいに見せる。

スピーチの内容

披露宴でのスピーチは新郎新婦へのお祝いの気持ちを述べるのが基本。社内でのスピーチの場合は、時事ネタを話のつかみにして、自分が思ったことなどについて話すといい。自慢話や聞いている人に不快感を与えるような内容はくれぐれも避けるようにする。

まずは基本となるツボを押さえて、今より堂々としたスピーチができるように練習してみよう。

コツはたっぷりの間とオリジナルの語り口

結婚披露宴の祝辞などとなるとちょっと違うが、それでも一般的なスピーチはどちらかといえば演説に近い。したがって内容はもちろんだが、その語り口にもその人らしさが出ることが重要である。

たとえば坂本竜馬は、人前で話をするときには誰に対しても土佐弁だったといわれている。おそらく竜馬にとってはそれがもっとも表現しやすかったのだろう。

当然スピーチにもＴＰＯがあるので、何も同じようにお国なまりで話せというわけではないが、自分の言葉で語るということが重要なのは間違いない。

ところで、一般の人がスピーチをする際に陥りやすいミスをひとつ紹介しよう。それは〝空白〟を嫌うあまり早口になってしまうことだ。

スピーチは自分ひとりに視線が注がれる、いわば独壇場である。そうすると間が空くのが怖くなる。その結果、先を急ごうとして早口になったり、語尾があいまいになったりと、なんともしまりのないスピーチになってしまうのである。

これは話し方のコツでもあり、心構えのコツでもあるのだが、スピーチをするときはむしろ意識的に間をたっぷりとって話をするほうがいい。そのほうが落ち着きがあるように見えるし、そんな自己演出が緊張感をやわらげてくれるはずだ。

スピーチの時間

スピーチの時間は長くても３分を目安にしたい。作成した原稿が長いと感じたら、必要な部分以外はバッサリと切り捨ててしまおう。慣れないうちは自分の気持ちをストレートに表現することを心がけ、ダラダラと同じような話を繰り返すのだけはやめておきたい。

話のつかみと終わり方

わずか３分間のスピーチで聞いている人の気持ちを惹きつけるためには、最初のつかみが重要だ。思わず耳を傾けたくなる、広告のコピーのような短い言葉でスタートしよう。話の終わり方は簡潔にし、盛り上がったところでサッと切り上げれば、印象的なスピーチになる。

ジェスチャー

大げさな身振り手振りをする必要はないが、だからといって棒のように直立しているのも不慣れな印象を与えるものだ。理想的なジェスチャーは、一生懸命に話していることがわかり、体は自然に動く程度にしたい。必要がないのにジェスチャーを加えることはせずに、話に集中することを意識すればいい。

あえて「沈黙を楽しむ」ゆとりをもつ

いくら雄弁だからといって、そのことが必ずしも本人を一流に見せるとは限らない。ペラペラとお喋りばかりしていると、ときとして軽率な人間に見られることもあるからだ。沈黙が流れると気を使ってつい自分から話し始めてしまう人もいるだろうが、そのよけいなひと言が、その場を凍りつかせるということもある。それなら、他の人が話し出してくれるのをぐっと我慢して待つほうがいい。

たとえば、いわゆる人格者といわれる人には、寡黙な人も多い。いざというときには口を開くがそれ以外は黙して語らず、それがその人の存在を大きく見せているわけだ。

沈黙に耐えるには思いのほか努力と我慢が必要だが、場合によっては、口を閉ざして沈黙を守るほうがプラスになることもあるのだ。

「落語の話術」を学ぶのもひとつの方法

会話力というのは、そう簡単に磨かれるものではない。日々の努力の積み重ねがあって初めて洗練されていくものだ。そのためには、一流の人の話し方をお手本にしてみるのがもっとも効果的である。彼らの話には無駄がないし、相手を自分の話に引き込むテクニックを持っている。けっして人を飽きさせないのだ。

そこで、話術のプロといえば落語家である。噺家になるつもりはなくても落語を参考にしてみるのもひとつの手ではないだろうか。聴衆を惹きつける身振り手振りや、オチのつけ方などを学ぶのにはもってこいだからだ。

話の構成や声のトーン、そのときの表情のつけ方などをじっくりと観察して真似してみるといいだろう。

「聞き」上手こそ「話し」上手

聞き上手の極意は相手に興味を持つこと

コミュニケーションに関するある調査によれば、「自分は話すのが得意」という人より「自分は聞くのが得意」と答えた人のほうが圧倒的に多かったという。

たしかに話すよりは聞き手に回るほうが受け身でいられるぶん、特別な能力などなくても問題はないと考えがちだ。

だが、それは本当だろうか。「話を聞くのが好き」なのと「聞く力がある」のとでは意味合いは違うものだ。それを差し引いても、この調査で「聞くのが得意」と答えた人のなかに、どれだけ本当の「聞き上手」がいるのかは甚だ疑問である。

では、聞き上手の必須条件とは何なのか。

相手が話をしていて不快になるような態度をしないのは当たり前だし、あいづちの打ち方や視線の置き方、リアクションのしかたなど、他にも細かい注意点はある。しかし、極論をいえば相手の話に興味が持てるかどうかに尽きる。

仮に興味が持てないとしても、それを悟られないようにして気分よく話を続けさせるの

こんな「聞く態度」はＮＧ
テーブルや椅子のひじかけにひじをつく
テーブルの上のものをやたらに触る

のである。

が大人のふるまいというものだ。つまり「聞き上手」とは、「話させ上手」だともいえるのである。

聞く力があれば話す力もつく

一般にトークが達者な人は他人の話を聞くのが苦手で、逆に他人の話を聞くのが得意な人はトークが苦手だと思われがちだ。しかし、実際はそんなことはない。「聞く能力」と「話す能力」はやはり無関係ではないからだ。

「話し上手は聞き上手」というのがあるが、実際には自分の話をするのは大好きでも、他人の話には耳を貸さない「聞き下手」も少なくない。

本当の聞き上手には相手の話をきちんと理解する能力が備わっている。そのため、自分の考えや意見をきちんと整理して話すこともできるのだ。

ただ、あがり症で照れ屋だからトークが苦手というのは別問題だ。聞き上手になれば、少なくとも見当はずれな返事をして相手をしらけさせるようなことはないだろう。

会話力はコミュニケーションに不可欠なスキルだ。自分を取り巻く人たちといい関係を築くためにも、まずは聞く能力から磨いてみてはどうだろうか。

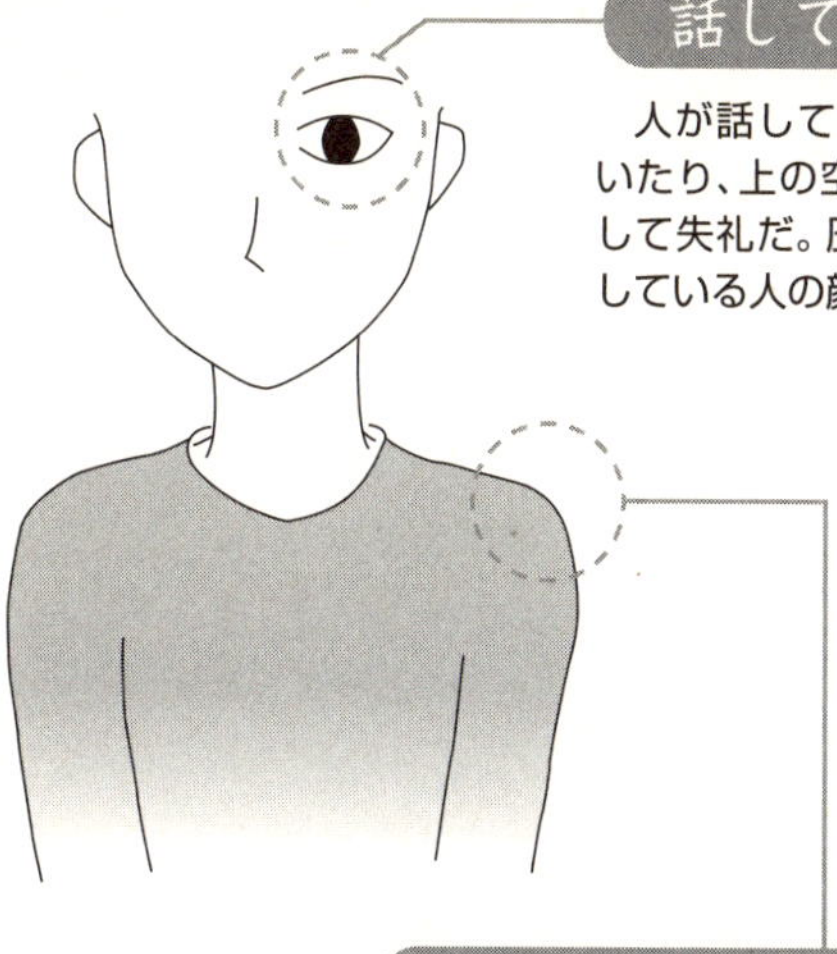

話している相手を見る

人が話しているのに、違う方向を向いていたり、上の空だったりするのは相手に対して失礼だ。圧迫感を与えない程度に話をしている人の顔を見るようにしよう。

わずかに前のめりの姿勢をとる

椅子にふんぞり返っているのは問題外だが、あまりにもきちんと姿勢を正しているのも相手にしてみれば面接をしているような気分になって会話が楽しめない。少し上体を前に傾けて軽く前のめりの姿勢をとると、話をよく聞いているという気持ちが伝わる。

相手の話をよく聞いて理解する

相手が部下や目下であっても、話を適当に聞くというのはあるまじき行為だ。相手が言わんとしていることをきちんと理解していないと、あいづちがずれたり、話の内容と違う返答をしてしまい、信頼を失うことになる。

▼

自分の考えや意見を整理して話す

会話をすることでいい関係を築くためには、思いつきでものを言ったり、その場しのぎの発言をしないようにしたい。相手の話をじっくりと聞いたうえで、自分の考えや意見を整理してから発言すると誠実さが伝わる。

「人づてに褒める」と効果は倍増する

一流企業のトップはじつに人の動かし方がうまい。そのテクニックのひとつとしてよく使われているのが、部下を人づてに褒めるという方法だ。

というのも、人を介して褒められると褒められたほうは喜びが倍増するからである。「今回の仕事ではよくやったな」と、直接褒められてももちろん嬉しいのだが、そこはビジネスなので社交辞令や建前ということもある。

ところが、「部長が今回はよくやったと君のことを褒めていたよ」と、人づてに聞くと、本心から褒めてもらえていると感じてモチベーションも上がるのだ。

また、「心配していた」などと本人に直接言うより、人を介して「部長が君を心配していたよ」と伝えてもらうほうが、心から心配されていると感じるものなのだ。

「陰口は言わない」と肝に銘ずる

その人の品格を確実に落とすのが、陰口を言うことだ。本人がいないところで、「あいつは仕事の要領が悪くてイライラする」と批判すれば、それは立派な陰口になる。

しかも、悪口を聞かされるほうにしてみれば気分のいいものではないし、もしかすると自分も陰で同じように言われているのではないかと心配になってくる。

品格を感じさせる人の多くは、陰で人の批判をしたりはしないものだ。たとえば、その人の仕事のやり方がたとえ気に食わなくても、「これはこういうふうに改善すればいいいんじゃないかな」などと代案を示したりする。

気をつけたいのは、批判するだけでなく前向きな対処法も同時にアドバイスするということ。そうすることで、頼りになる人として一目置かれるようになるのだ。

「美しい日本語」を使いこなす

丁寧語や尊敬語をきちんと使いこなすだけでも十分だが、そこに情緒あふれる日本語が加わるとさらに美しい。フォーマルな場にもふさわしい、品格を感じさせる日本語を使いこなしたい。

やむを得ない↓
よんどころない

暖かな天気↓
うららか

姿勢を直す↓
居住まいを正す

気持ちを察する↓
心を汲む

世間で評判の↓
名にしおう

シャキッとした姿↓
凛《りん》とした姿

おしゃれ↓
粋

感動する↓
琴《きん》線《せん》に触れる

噂に聞く↓
音《おと》に聞く

第3章

結果を出す人の「ビジネスマナー術」

「社内」でやっていいこと、悪いこと

今さら聞けない社内での立ちふるまい

同じ職場で働いていて「あの人の行動は目に余る」と呆れたことはないだろうか。

一社会人の立場で見たとき、どんなに仕事ができても堂々とマナー違反をしたり、周囲を不愉快にさせるような行為をしたりする人は少なからずいるものだ。

だが、知らず知らずのうちに自分も同じ穴の狢《むじな》になっていたりすることもある。新人時代ならともかく、ある程度のキャリアを積んでからは注意してくれる人も減るからだ。

とくに世間ではセクハラやパワハラといった人間関係のトラブルを挙げたら枚挙にいとまがない。

ある調査機関のアンケートによれば、およそ回答者の4割もが勤務先で何らかのハラスメントに遭遇しているという結果が出ている。

もちろん会社のルールはそれぞれ違うし、社風や上司しだいというところもあれば、就業規則などできちんと明文化されているところもある。ここでは一般的な大人のマナーとしての社内でのふるまいを確認しておこう。

一度マナーを破ると行動に品がなくなる

大人のふるまいといっても、常識的に考えればさほど悩むことはない。オフィスでむやみに大声を出したり、他の人に触れたりしない。会社の備品を私物化しないなど、挙げてみればごくごく当たり前のことだ。

ところが、最初は重々そのことをわかっていても、慣れや気の緩みがマナー違反につながることは少なくない。

たとえば、会社から支給された携帯電話を私用で使ってはいけないと頭では理解していながら、「一度くらいなら」と友人や家族にメールを打つ。そうなると、あとはずるずると使い続けてしまうのだ。

微々たる問題かもしれないが、こうした線引きを守れない人は、そのうちに知性や品位のカケラもなくなっていくものである。
人間関係においても、心が打ち解けるのと馴れ合うのではまったく意味が違う。「親しき仲にも礼儀あり」が基本だ。

社内の人に呼びかけるときのエチケット

遠くにいる人には、近づいて声をかける。

NG！

気安く触るのはタブー

ビジネスの場で異性に気安く触るのは慎んだほうがいい。男性がそれをするとセクハラ行為と受けとられることがあるし、女性の場合は、媚《こび》を売っていると勘違いされたりする。とくに、相手が部下の場合はやめてほしいと言いにくいため、問題が深刻になりかねない。一定の距離を保った人間関係を心がけたい。

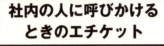

休み時間の来客応待

NG！

休み時間でも大きな声をたてない

12時から13時までをランチタイムに当てている会社は多いが、休み時間とはいえ社内でリラックスしすぎるのはよくない。休み時間であっても、来客があったり、電話がかかってくることもある。そんなときに大きな笑い声が響いていては会社の品格が疑われかねない。社内では常に節度を保つことが大切だ。

休み時間に急な来客があっても、丁寧に対応する。

社用の携帯電話とメールの使い方

NG！

会社の備品を私物化しない

自分のデスクの上にあるモノはつい私物化してしまいがちだが、会社から与えられた机はもちろん、引き出しの中のペンやクリップに至るまで、すべて会社の備品であることを忘れてはいけない。もちろん、会社のパソコンで私用のメールをやりとりするなどはもってのほかだ。公私混同は、はしたない行為だということを肝に銘じておきたい。

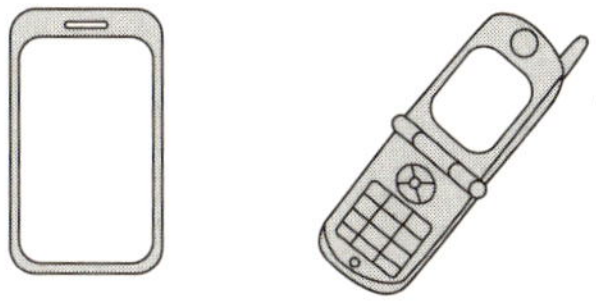

会社から支給されている携帯電話は、あくまでも仕事専用として使い、公私混同は避ける。

「来客対応」では想像力を働かせる

第一印象というのはその後の人間関係に大きく影響するものだが、来客に対する最初の対応にも同様のことがいえる。

大切なのは「笑顔」だ。いくら言葉遣いが丁寧でも、無表情では悪い印象を与えるので、にこやかに「いらっしゃいませ。お待ちしておりました」と迎えるといい。

さらに、その日の天候や時節に合わせたひと言を添えられるとなおいい。たとえば、「雨でお足元の悪いなか、お越しいただきありがとうございます」と、一緒にタオルなどを差し出すのもいいだろう。

つまり、相手の状況を的確に判断して心配りをすることが大切なのである。こうしてもらったら嬉しいだろう、という想像力を働かせて対応したい。

「エレベーター」では緊張感をもつ

たくさんの人間が狭い空間で身を寄せ合うのがエレベーターだ。至近距離で他人と接する以上、気を抜くと迷惑に思われたり評価を落とすことにもつながってしまう。

立ちふるまいはもちろん、操作盤の前に立ったら「何階ですか?」と声をかけたり、降りる時には「失礼します」と軽く会釈をするようにしたい。

友人などと乗り合わせた場合でも、大きな声で話したり、人のうわさ話をするのはタブーだ。また取引先の人などと一緒に乗るときは、天候や時節などの当たり障りのない話題を選んで話すといい。

常に「見られている」という緊張感をもっていれば、自然とふさわしいふるまいができるようになるはずだ。

正しい「お茶」の出し方といただき方

上等な茶葉ほど湯はぬるめで

近頃の職場では社員や来客用として、自動販売機やドリンクサーバーを設置しているところも増えているが、「お茶を出す」会社もまだまだ多い。

しかし、オフィスにおけるきちんとしたお茶の作法は、意外と誰にも教わることがないままに「こうしておけば失礼はないだろう」と自己流でやっていたり、先輩のやり方を見よう見まねでしていたりすることが多い。しかし、それが本当に正しいかどうかは自分では判断しづらいところである。

「茶の道」などといい出せば途方もなく深い茶の世界を追求することになってしまうが、雑用と割り切るのもいただけない。せめて、一般的な知識は身につけておきたいものだ。

お茶の出し方

① 人数分のお茶と茶たく、台拭きをお盆にのせ、胸の高さのあたりで持って運ぶ。

② 軽くノックを3回して「失礼します」と言ってから部屋に入る。ドアが開け放してあっても、入室の合図としてノックをする。

③ お盆をサイドテーブル、もしくはテーブルの端に置き、茶たくの上に茶碗をのせる。茶たくを両手で持って、役職の高い人から順に「失礼します」と言ってその人の右側から出す。

お茶の入れ方は茶葉の種類にもよるし、職場の道具にも限りがあるので、最低限、心を込めて入れればいいだろう。

ただ、茶葉が上等なほど湯の温度はぬるめということは覚えておきたい。お茶を注ぐ前に茶碗に一度湯を入れれば、茶碗が温まるうえに湯の温度も下がるので一石二鳥だ。

また、実際にふるまうときにはお茶を出す順番に気をつけたい。役職の高い人から順に出していくのがマナーなので、上座や下座がわかりにくい部屋ならば、念のため上司や担当者に事前に確認をとっておけば安心である。

もてなしの心をいただく、と考える

続いて、訪問した先でお茶を出されたときのふるまいについてだが、とくに蓋《ふた》つきの茶碗で出された場合は蓋の扱いに困ることがある。いただくときは裏返して置き、飲み終えたら元に戻すのが正解だ。

また、忘れてはいけないのが「いただきます」「ごちそうさま」のひと言だ。これさえきちんと言えれば、たとえ少々作法が間違っていたとしても、そこまで印象を悪くすることはないはずだ。

お茶を出すときもいただくときも、そこには相手へのもてなしの気持ちがあることを胸に留めておくべきである。

略式だからといって作法を軽視するのではなく、ＴＰＯに合わせたなかで恥ずかしくないふるまいをするのが一流の人の心得なのである。

お茶のいただき方

① 「いただきます」と言ってから左手を茶たくに添えて右手で蓋を取る。

② 蓋を裏返して、茶たくの右側に置く。

③ 右手で茶碗を持ち、左手を下に添えてお茶をいただく。

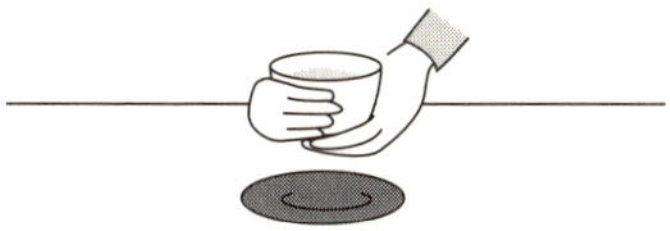

④ 飲み終わったら器を元の状態に戻し、「ごちそうさまでした」とひと言添える。

気配りは前もって「調べる」ことから始まる

初対面の人と会うときには、相手の情報をできるだけ集めておくのが気配り上手な人のノウハウだ。そうすれば自然と会話も弾むし、好みの飲み物を出すこともできる。

その情報収集に役立つのがホームページやブログで、そこには仕事やプライベートに関する情報が豊富に書きこまれている。事前に目を通しておくといいだろう。

もし個人のホームページやブログがなくても、会社や所属する団体のものを確認するだけでもかなりの情報が得られる。それ以外にも、共通の知人がいたらさり気なく聞くなどしてみるのもいいかもしれない。

大切なのは、単なる情報収集ではなく「興味を持って」調べることだ。興味を持った相手には自然と好感が湧き、真心のこもった対応ができるはずだ。

「アポイント」は自分で取りつける

デートをしたい相手との約束を取りつけるのを、まさか他人任せにする人はいないだろうが、ビジネスの世界でも同様のことがいえる。

つまり、いくら忙しくてもアポイントは必ず自分で取らなくてはいけない。

部下や同僚に任せてセッティングしてもらったとしても、「会いたい」という気持ちを伝えるのは不可能だからだ。

相手の立場になってみれば「なぜ自分で連絡してこないのか」という疑問が湧いてくるし、軽んじられている印象さえ受けるだろう。

アポイントを取る時点から、すでに仕事は始まっている。最初から人任せにしてしまったら、上手くいくものもいかなくなってしまうだろう。

取引先へのスマートな「訪問」のしかた

アポイントはメールではなく電話で

取引先への初めての訪問は誰でも緊張するものだが、それも慣れてくれば業務の一環として難なくこなせるようになってくる。

しかし、油断をすると思わぬ失態を演じる場合もある。たとえ自分にはキャリアや経験があっても、新規の取引先へ訪問することになったときには初心を忘れずにいきたいものだ。

まずは、アポイントをとる電話から自分の印象はつくられる。そこは顔が見えないぶん、言葉遣いや相手への気配りを忘れないようにしたい。

ちなみに、長いつきあいのある取引先だからといって、いきなりメールでやり取りをす

アポイントメントの取り方

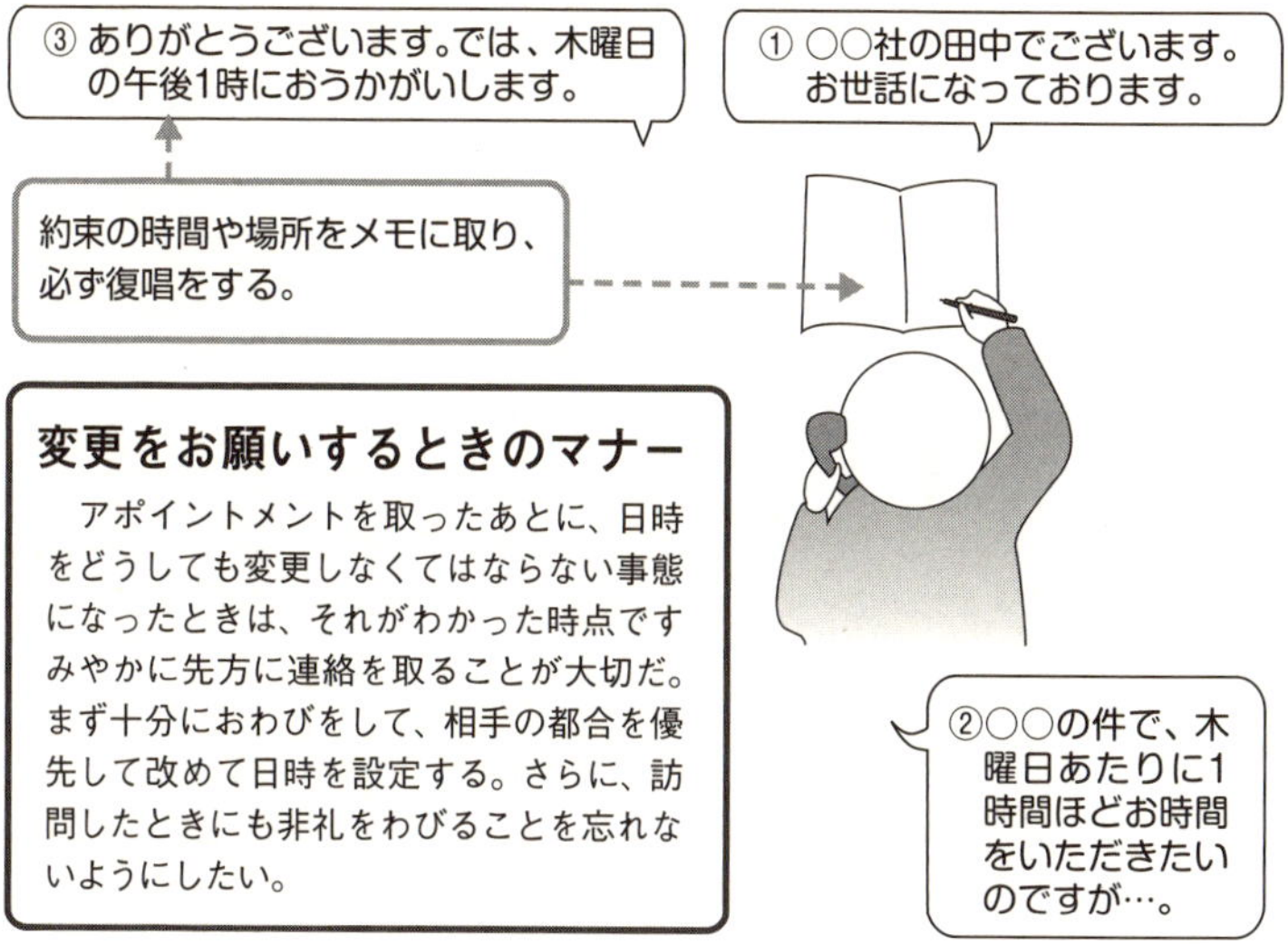
① ○○社の田中でございます。お世話になっております。
②○○の件で、木曜日あたりに1時間ほどお時間をいただきたいのですが…。
③ ありがとうございます。では、木曜日の午後1時におうかがいします。
約束の時間や場所をメモに取り、必ず復唱をする。

変更をお願いするときのマナー

アポイントメントを取ったあとに、日時をどうしても変更しなくてはならない事態になったときは、それがわかった時点ですみやかに先方に連絡を取ることが大切だ。まず十分におわびをして、相手の都合を優先して改めて日時を設定する。さらに、訪問したときにも非礼をわびることを忘れないようにしたい。

るのは感心しない。

たしかにお互いに記録も残り、相手の都合を選ばないメールは便利なのは違いないが、やはり最初は電話であいさつをして、実際に言葉を交わしてコンタクトをとったほうが無難だ。

相手の立場を思いやる

たとえば、午前11時に取引先に訪問するアポイントをとったとする。だが、遅れてはいけないと余裕を持って出たら、先方に早々に着いてしまった。

ここで「早く行く分にはかまわないだろう」と判断して、15分前に訪問する人もいるだろうが、それは迷惑千万な行為だ。

先方にしたら、早く来られたからといって待たせるのも心苦しいし、結局、予定を早めて来客に対応することになってしまう。

じつは、こうした配慮もビジネスマナーのひとつだ。

この場合、15分も早く訪問するのはNGで、時間の誤差はせいぜい2~3分にとどめたほうがいい。

ときと場合によっては、「早く来られるよりは、どちらかというと遅いほうが助かる」ということも少なくないからだ。

とくに朝一番や午後一番のアポイントは、出社直後や昼休み明けになるので、先方も慌しかったりする。

そのあたりの事情まで考えて行動できると、取り引き先にも好印象を持たれるかもしれない。

あるいは、他社を訪問する機会が多い営業職であれば、相手の仕事のやり方や職場の事情に応じて訪問時間を考えられるようになればスマートだ。

訪問先でのマナー

受付に行く前に

コートを脱いで軽くたたんで腕にかけ、携帯電話をマナーモードに切り替える。

受付で

「○○社の田中と申します。１時に○○課の鈴木課長とお約束いただいております」と告げ、指示にしたがう。

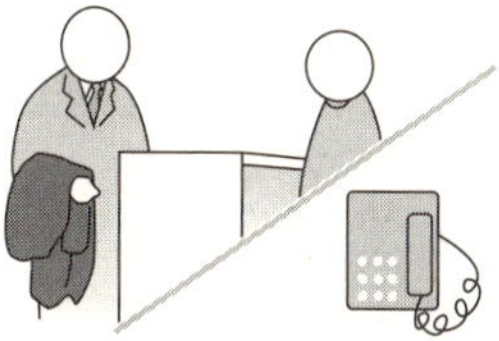

内線電話が置いてある場合は、約束している相手に電話をして到着したことを伝える。

応接室で

応接室などに通されたら、入り口で「失礼します」と一礼をして部屋に入り、すすめられてから席につく。

おかけになって
お待ちください
失礼します

面会／辞去のとき

面会の相手が入ってきたら、立ち上がって「お忙しいところを恐れ入ります」とひと言、用件がすんで辞去するときも立ち上がって「お時間をいただきありがとうございました。失礼します」とあいさつする。

「別れ際」の演出がビジネスチャンスをつくる

人づき合いの上手な人は、別れ際の演出を大切にする。

たとえば、ビジネスシーンでよくある「来客の見送り」という場面を想定してみよう。

笑顔で見送るというのは当然の話だが、たとえば大切な客だとしたら、エレベーターまで送るだけではもの足りない。１階にある玄関まで送り、相手の姿が見えなくなるまで見送るといいだろう。

別れのあいさつも「本日はありがとうございました」だけではもったいない。打ち合わせ中に相手がつぶやいた余談にからめて、「○○さんがご紹介してくださった本を私も読んでみます」などというひと言を添えられたら申し分ない。

別れ際の真心がこもった対応は、強い好印象となって相手の心に残るのである。

苦手な相手も「長所」を探せば好きになれる

どうしても苦手な人や馬が合わない相手はいるものだが、不幸にもそういう人が仕事の相手だったりすることがある。

そんなときのもっとも有効な対処法は、「自分から相手を好きになる」ということだ。嫌いな人でもじっくりと探せば長所が見つかるはずで、「○○さんのこういうところがすごいと思います」などと口に出してみてはどうだろうか。

不思議なもので繰り返し口に出しているうちに、いつのまにか苦手意識も薄れてくる。すると相手の態度もやわらかくなり、最初のぎこちなさが解消されていくはずだ。

苦況を打開したいと思ったら、まず自分から動くことだ。自分を変えることが成功の近道なのである。

一目おかれる人が実践する「身だしなみ」

第一印象で損をしない装いを心がける

環境省が制定した「クールビズ」という言葉が登場したのは２００５年のことだが、２０１２年にはさらに「スーパークールビズ」が打ち出された。

温室効果ガス削減のために職場の冷房を抑える代わりに、ノーネクタイに半袖シャツというカジュアルな服装での通勤を推奨したものだが、このとき一部の企業や業界では反発もあった。やはり服装はＴＰＯに合わせるべきで、公式の場でラフな服装はいかがなものかという声が上がったのだ。

そのクールビズも最近では定着してきたが、前述したように、ビジネスパーソンたるものの身だしなみが大事なのは当然のことである。

『人は見た目が9割』（竹内一郎著、新潮社）というベストセラーがあったが、人間の脳はほんの数秒で初対面の人の第一印象を決めてしまうという。たとえば、初めて会った人の髪の毛が寝ぐせだらけであれば、その人のイメージはしばらく「寝ぐせの人」として脳内で定着してしまうのである。

上品＝ブランド物は勘違い

できるビジネスパーソンならば、上品で清潔な雰囲気を理想としたいものだが、そう聞くと、高級なブランド物でなければいけないのかと勘違いする人も多い。しかし、そんなことはない。

高価なものでも汚れていたりサイズが合っていなければ、高くなくてもきちんと手入れされているほうが好印象を抱かれる。髪型やメイクにしても清潔が第一だ。

しかし、ビジネススーツやメイクにも流行がある。あまりに時代遅れなのは垢抜けないが、大切なのはほどよくトレンドを取り入れ、自分に合ったおしゃれを演出するように心がけることだ。

きちんとした印象を与える基本の身だしなみ

髪型

清潔感があることが第一。流行っているからといって長髪にしたり、必要以上にワックスなどの整髪料をつけるのはよくない。

Yシャツ

Yシャツは白がベスト。カラーシャツなら水色などできるだけ淡くさわやかな色を。首まわりと袖丈のサイズを把握しておいて、体型にフィットしたサイズを選ぶ。

スーツ

スタンダードなシングルスーツを選ぶ。高級である必要はないが、きちんと採寸して体型に合ったものを選ぶようにしたい。

バッグ

A４ファイルがすっぽりと入る大きさで、マチは大きすぎないほうがスマート。取っ手が古びて汚れたら新しいものに替える。

靴

男性はヒモで結ぶタイプ、女性はシンプルな５cmまでのヒールパンプスが基本。定期的に磨いて、かかとの磨り減りは修理しておく。

流行の取り入れ方

メガネ

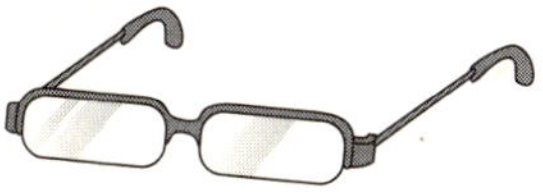

フレームは流行りの形や素材を取り入れつつも、メガネばかりが目立ってしまうようなものは避ける。また、デザインによって印象が変わるので、自分のキャラクターに合わせて選びたい。

Ｖゾーン

Ｙシャツの襟の広さと、ネクタイの結び目の大きさのバランスに気を使ってコーディネートしたい。広めの襟にボリュームのある結び目を合わせると若々しく見える。

靴・カバン

デザインばかりを重視して、機能性は二の次というような靴やカバンは不適切。使いやすいうえに、さりげなく流行を取り入れたものを選んだほうがおしゃれに見える。

メイク

マットな質感のナチュラルメイクが上品。ベースメイクを丁寧にして、口紅などは色味を抑えたものを選びたい。

ブラウス・シャツ

白いシャツやブラウスが基本で、フリルやリボンはついていないほうがベター。ジャケットやスカートに合わせて派手でない柄物をコーディネートするのはＯＫ。

ジャケット・ボトム

体型に合ったサイズのジャケットとスカート、またはパンツのスーツを１着は用意しておきたい。スカートは膝下５cm くらいが足が美しく見える。

指示を受けるときは「顔」を向けるのがポイント

上司から仕事の指示を受けたときに、肝に銘じておきたいポイントがいくつかある。

まず、名前を呼ばれたらすぐに立ちあがって、顔を向けて「はい!」と返事をしたい。

次に、上司のところに赴き、真正面ではなく横に立つようにする。その際「失礼します。お待たせいたしました」などとひと言添えるのを忘れないようにしたい。

質問があるときは途中で上司の話を遮らず、後でまとめて聞くことができるようにメモを取る。「恐縮ですが、いくつか質問させてください」などとあらかじめ断ってから質問すると、相手も答えを準備しやすくなる。

さらに、その指示に対する「報告・連絡・相談」は絶対に忘れてはいけない。できるだけ簡潔にまとめ、しかもこまめに伝えるようにしよう。

「電話応対」の基本は〝相手が目の前にいたらどうするか〟

電話の応対は、どうしても声だけのコミュニケーションになりがちだ。そこで、スムースな応対をするにはいくつかのコツがある。

まず、相手が名乗った時点から、名前で呼びかけるようにしよう。「あなた」とか「そちら様」といった代名詞ではなく、個人として扱うことで親近感も高まるのだ。

そして、相手に合わせた話し方を心がけるようにしたい。お年寄りならゆっくりと大きめの声で、急いでいるようならハキハキと簡潔に、しかも丁寧に話すようにする。

基本的な考え方は、「相手が目の前にいたらどうするか」ということだ。表情やしぐさが見えないぶん、事務的に「要件を処理する」という姿勢ではなく、「お役に立ちたい」と思うことで、その気持ちが声に表れるはずである。

スマートな「自己紹介」と「名刺交換」

自社、他社の順で序列の高い人から紹介する

上司と取引先を訪ねたときに、先方でも担当者と上司が同席するような場合がある。あなたと先方の担当者は顔見知りだが、それ以外は初対面である。このように立場が異なる複数の人と顔を合わせた場合、真っ先にやらねばならないのがその場にいる人たちの紹介だ。

新社会人ならともかく、それなりのキャリアを持つ人間がこういうシチュエーションでまごまごしていては恰好がつかない。そこで、基本のマナーをおさらいしておこう。

まず、紹介は自社、他社の順で行う。そこでは役職の高い順に紹介するのが鉄則だ。つまり、このケースでは自社の上司、次に他社の上司、そして相手の担当者という順序

紹介の順番のルール

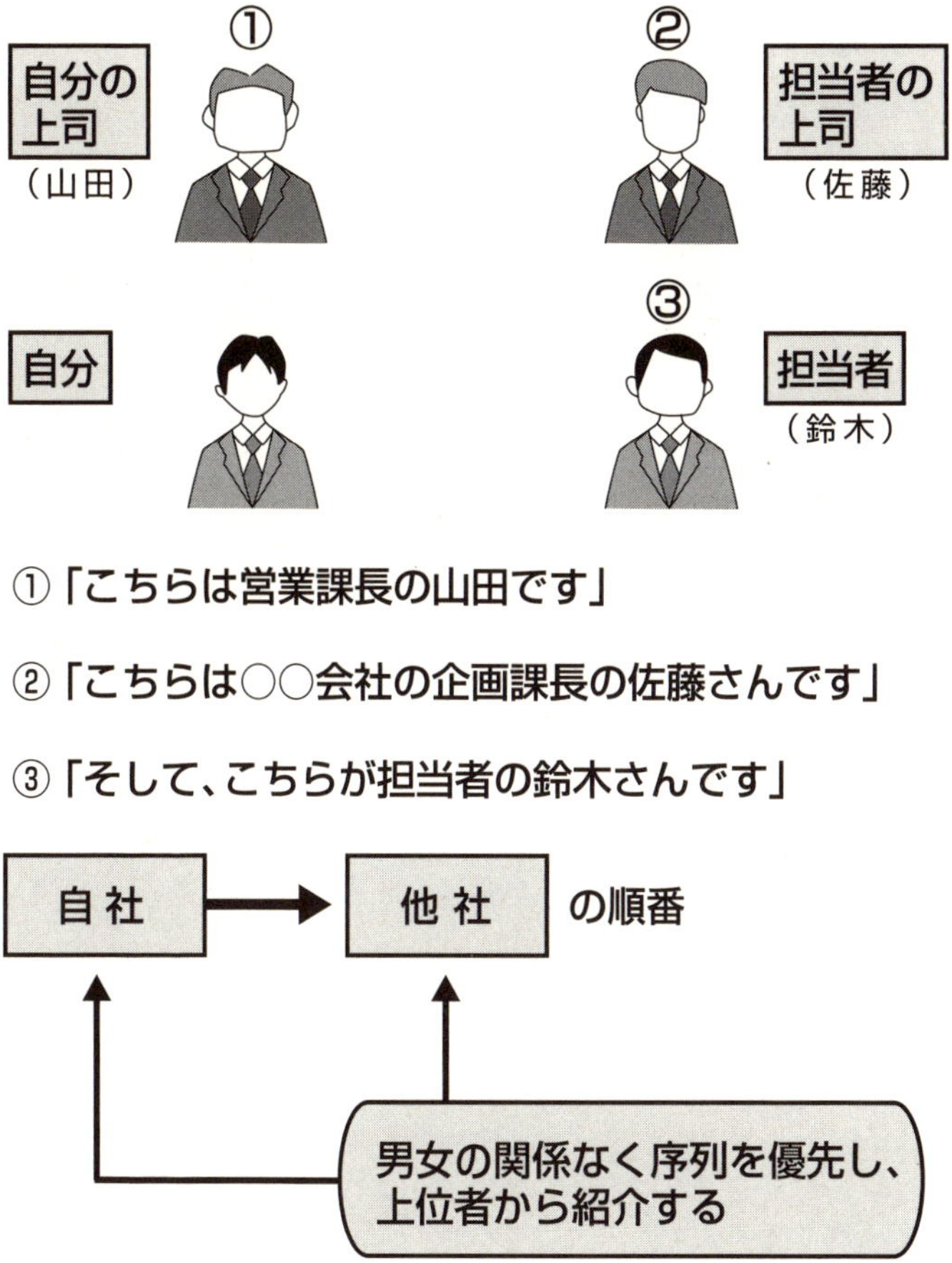
①
自分の上司
（山田）
②
担当者の上司
（佐藤）
③
自分
担当者
（鈴木）
①「こちらは営業課長の山田です」
②「こちらは○○会社の企画課長の佐藤さんです」
③「そして、こちらが担当者の鈴木さんです」
自社
他社
の順番
男女の関係なく序列を優先し、
上位者から紹介する

が正解になる。

ちなみに、ここに性別は関係ない。仮に上司が女性であっても、優先すべきは序列である。細かいマナーかもしれないが、タテマエを気にするタイプにしてみれば守るべき大切な礼儀だ。後々の信用にも関わるので手抜きは禁物である。

もらった名刺で話の糸口をつかもう

さて、お互いの紹介が終われば名刺交換へと移る。社会人には欠かせぬ儀式ともいえるだけに、ここでのマナー違反は致命的である。

とはいえ今まで何十人、何百人と名刺交換を経験していれば自然にこなせるし、そこまで大きなミスを心配することもないかもしれない。

だが、大人のコミュニケーションを目指すなら、もうワンランク上の作法を身につけてはどうだろうか。

たとえば、もらった名刺に一瞥《いちべつ》もくれずにテーブルに置くのはあまりにもそっけない。

名刺を受け取ったら相手の肩書きと氏名を確認し、読みにくい字があれば「お名前はなんとお読みするのですか?」とか「珍しいお名前ですね」などとひと言添えてみたい。そうすれば、そこから話が広がることもある。

紹介から始まって名刺交換へという一連の流れは人間関係のはじめの一歩である。自分もこうされたら気持ちいいと思えるような対応をしたい。

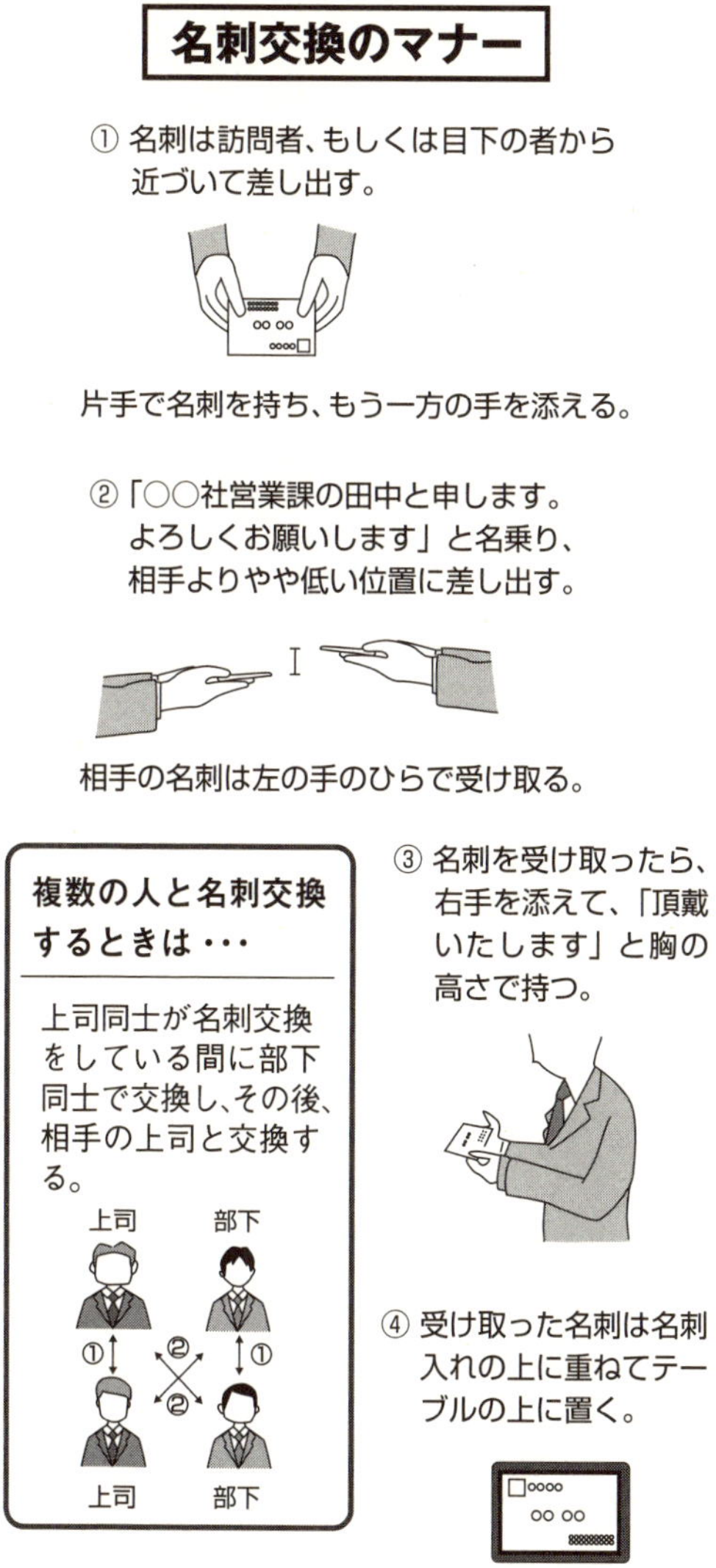
名刺交換のマナー
① 名刺は訪問者、もしくは目下の者から近づいて差し出す。
片手で名刺を持ち、もう一方の手を添える。
② 「○○社営業課の田中と申します。よろしくお願いします」と名乗り、相手よりやや低い位置に差し出す。
相手の名刺は左の手のひらで受け取る。
複数の人と名刺交換するときは・・・
上司同士が名刺交換をしている間に部下同士で交換し、その後、相手の上司と交換する。
上司
部下
①
②
②
①
上司
部下
③ 名刺を受け取ったら、右手を添えて、「頂戴いたします」と胸の高さで持つ。
④ 受け取った名刺は名刺入れの上に重ねてテーブルの上に置く。

相手を不快にさせない「携帯電話」の話し方

個人のモラルに委ねられる携帯のマナー

公共機関や飲食店など、さまざまなところで何かと問われるスマートフォンや携帯電話のマナー。たとえば、電車の中ではマナーモードに切り替えたり使用を控えるよう促されるだけだが、車を運転中の使用はマナー違反どころか法律違反になる。

また、飲食店の多くはとくに取り決めを設けていないものの、大声で話すなど傍若無人なふるまいは他の客から白い目で見られることもある。

つまり、スマホや携帯電話のマナーは個々のモラルに委ねられる部分が多い反面、ビジネスパーソンにとっても手放せないツールだけに、できるだけ恥ずかしくないふるまいをしたいものである。

ところで、固定電話と決定的な違いが出るのは、相手からかかってきた場合である。場所を選ばないうえ、手元にメモやペンをすぐに用意できないケースもある。そのためにも、出先ではいつでもメモをとれるようにしておくことが必要だ。

かかってきたら、周囲の邪魔にならない静かな場所に移動してから電話を受けるようにしたい。よく歩きながら話している人がいるが、品性に欠けるだけでなく、相手にとって

電話がかかってきたら

① できるだけ静かで周囲の邪魔にならない場所にすみやかに移動する。

② 発信者を確認して「はい、○○です」と名乗る。

③ 歩きながら話さず、立ち止まって応対する。

も息づかいなどが耳障りになることもあるので避けたほうが無難だ。

直接的＝ぶしつけにならないように注意する

一方、携帯電話にかけるときにも、いくつか注意すべき点がある。

改めていうまでもないが、携帯電話は本人への〝直電〟なので、相手の都合を無視して呼び出し音を鳴らすことになる。

たまに、つながったと思ったらいきなり用件を話し出す人がいるが、これは相手に対して失礼だ。まずは相手の都合を確認することが先決である。

携帯電話に象徴されるように、近年はコミュニケーションがどんどん直接的になっているせいか、相手との距離感をはかりにくい傾向にある。

何度もかけ直す手間もまどろっこしいが、先方の都合を無視したコミュニケーションはやはりぶしつけといわざるを得ない。

そのあたりのさじ加減にはその人の品格の差が出やすいので、自分なりのマナーを確立させておきたいものだ。

携帯電話にかけるとき

① 丁寧なはっきりとした声で「○○さんの携帯電話でしょうか。今、お話してもよろしいですか？」と尋ねる。

↓ 相手が話せない場合

「では、かけ直させていただきます。いつ頃がよろしいでしょうか」と相手の都合をうかがい、メモを取る。

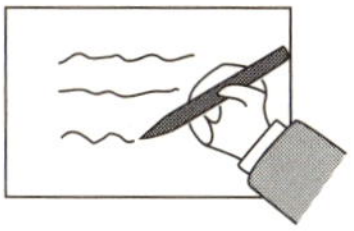

↓ 相手が話せる場合

② あらかじめ用件を箇条書きにしておき、手短かに伝える。

① A社の件
② ○○さんより tel
③ 帰社予定時間
などの確認

③「よろしくお願いします」と言って、相手の電話が切れたことを確認してから受話器を置く。

相手の状況を思いやる「チームプレイ」のツボ

会社に属して働く以上、仕事はたいていの場合チームプレイである。チームで動くときは、協力したり調和をとることが大切な要素になることはいうまでもない。

そこで、必ず心掛けたいのが「相手の状況を判断して思いやる」ということだ。

たとえば、手が空いた時は「何かできることはありますか?」と声をかけてみたい。たとえ忙しいときでも、仕事に煮詰まっているようであれば「お手伝いしましょうか?」などと声をかけられたらベストだ。細やかな気配りによってチーム全体の結束が深まり、より深い強固な関係が築かれるはずである。

自分だけがよければいいという姿勢ではいいチームはつくれない。常に「One for all, all for One」の精神を忘れてはいけないのだ。

正しい「叱られ方」を知っていますか？

叱られたり注意されたりするのは誰しも嫌なものである。しかし、叱られたときほど、その対応しだいで評価を上げることができるものなのだ。

忘れてはいけないのが、叱るほうも嫌な思いをしているということである。そこは、自分のためを思って言いたくないことでもアドバイスしてくれるのだと心得ておきたい。

そうすれば、「今後はこのようなことがないようにします。ご指導ありがとうございました」などという前向きな気持ちで詫びることができる。相手も自分の言葉が役に立ったという気持ちになり、あなたへの評価も上がるに違いない。

他人の気持ちを察して気配りを忘れないことで、ピンチをチャンスに変えることができるのである。

イヤな気分が残らない！「断る」ときの心得

「察して」とばかりに言葉を濁すのはＮＧ

よく日本人は「ＮＯが言えない」などと揶揄《やゆ》されるが、たしかに私たちは断り下手かもしれない。

断る理由があるのにこれもつき合いだからというか、人情という言葉に惑わされ、飲みたくもない酒を無理をしてつき合ったり、したくもない残業を引き受けたりする。

しかし本来、毅然とＮＯが言えるのが成熟した大人だ。

もちろん、そこには守るべきマナーと踏むべき手順がある。とくに残業を私用で断るときなどは、できるだけ早めに上司に伝えておくべきだ。でなければ上司も間際になって代役の確保に追われることになり、いい気はしないだろう。

　また、酒の席を断ることについては、相手によって言い方は異なるが、いずれにせよ「今日は残念ながら都合が悪いのですが、また誘ってください」という〝余韻〟を残すと角が立たない。

　察してとばかりに言葉を濁し、結論を相手に委ねるのだけはいただけない。相手がよほど融通のきかない人でない限り、「誠意あるＮＯ」は受け入れてもらえるはずだ。

私用のために残業を断りたいとき

残業ができない旨を早い時間に上司に伝える。

２次会を断りたいとき

幹事が２次会の予約をする前に断るのがマナー。

上司の誘いを断りたいとき

「残念ですが、今日ははずせない用事がありまして、申し訳ありません」と、気持ちを込めてお断りする。

同僚の誘いを断りたいとき

「今日はどうしてもはずせない用事があって…」と、次に声をかけやすい雰囲気を残す。

クレーム対応の極意は「迅速さ」と「誠意」

ビジネスシーンでは避けてとおれないのがクレームへの対応だ。当然相手は怒っているわけで、対応を間違えれば火に油を注ぎかねない。

そのクレーム対応に必要なのは、「迅速さ」と「誠意」である。

電話でのクレームの場合、「少々お待ちください」などと言って待たせていいのは30秒以内だ。それ以上かかる場合は、連絡先を聞いて折り返し連絡をするようにしたい。

また、クレームの内容は最初に電話に出た人が必ずメモを取り担当者に回す。くれぐれも何度も同じ説明を相手にさせないようにしたい。相手の立場に立ってみれば当然のことだが、何度も同じことを言わされたらなおさら腹が立つだろう。

迅速にかつ誠意のこもった対応を重ねれば、相手の怒りも和らいでくるはずだ。

第4章

おいしくいただくための「食事の作法」

「和食」の基本作法とタブー

今こそ正しい箸の持ち方を見直そう

日本は世界で指折りの美食の国である。その代表格でもある和食は、2013年にユネスコの無形文化遺産に登録されている。そのせいか、日本でも箸を器用に使う外国人をよく見かけるようになった。

しかし、当の日本人はといえば、一人前の大人でも正しい箸使いができていない人が多い。食事を共にすることは親密さの証でもあるのに、そこでの作法ができていないばかりに恥ずかしい思いをしたことはないだろうか。

日本の箸文化は1300年以上の歴史があるが、とくに明治から昭和初期にかけてはしつけのなかでも箸の持ち方が重要視された。そのため、この時代に生まれた人のほとんど

美しい箸の使い方

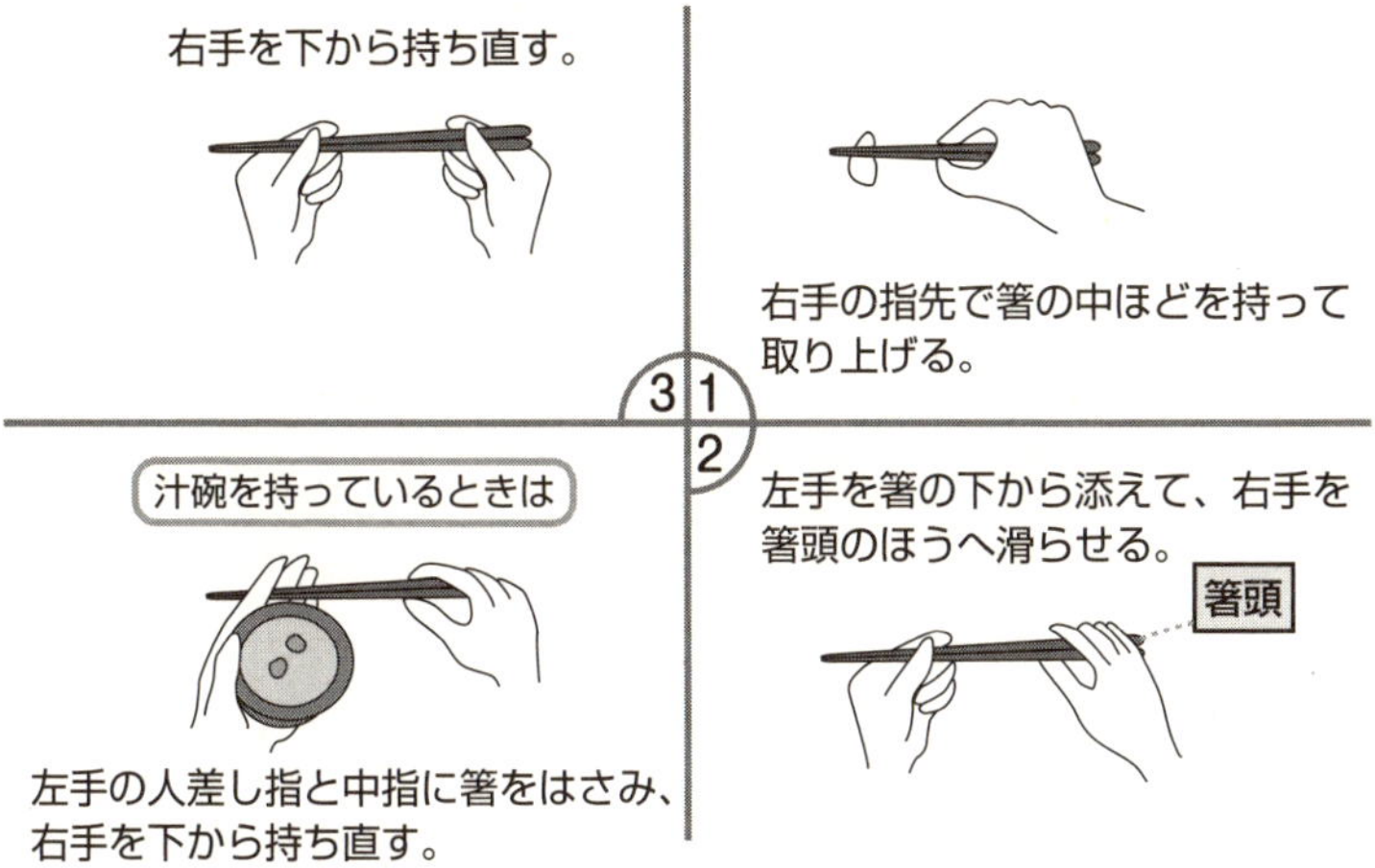
右手を下から持ち直す。
右手の指先で箸の中ほどを持って
取り上げる。
3
1
2
汁碗を持っているときは
左手を箸の下から添えて、右手を
箸頭のほうへ滑らせる。
箸頭
左手の人差し指と中指に箸をはさみ、
右手を下から持ち直す。

上座は年長者が座る

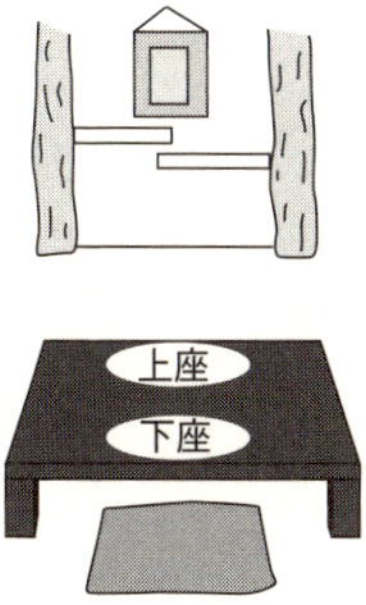
上座
下座

部屋の奥の席を上座というが、和室でこの席に座るのは年長者もしくは会の主役だ。また、床の間のある和室で、女性が上座に座っていると不自然に思う人がいることも知っておきたい。

が美しい箸使いができているという。

今や食卓には各国料理が氾濫して箸離れも危惧されているが、正しい箸使いは大人として当たり前の作法なのである。

懐紙をうまく使うと品がよく見える

日常の箸使いとは異なり、なかなか身につかないのが本格的な和食の作法である。あらたまった会食や接待で会席料理をいただく機会は少なくないが、そんなときは、そつのないふるまいをして粗相のないようにしたいものだ。

細かい作法はいろいろあるが、間違いやすいタブーをひとつ紹介しておこう。

煮物など、口へ運ぶまでに汁がこぼれそうなものを食べるとき、箸を持っていないほうの手を受け皿のようにする人がいる。このしぐさは一見品がよさそうに見えるが、じつはマナー違反だ。

持ち上げてよい器なら持ち上げ、そうでない場合には懐紙を使うようにすると一段と上品な印象になるはずだ。

器の扱い方

乾杯するときは、酒器をぶつけない。

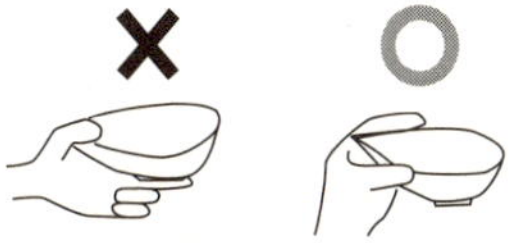

片口の器の出っぱった部分は
持ってはいけない。

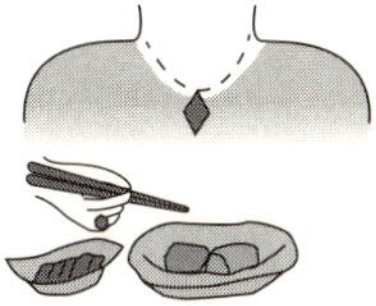

器を傷つけそうな大ぶりのネック
レスや指輪ははずしておく。

食べるときの基本マナー

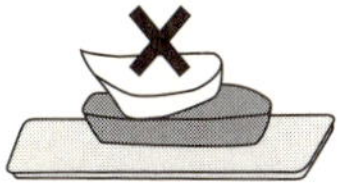

器は繊細なものなので、食べ終わった
からといって重ねない。

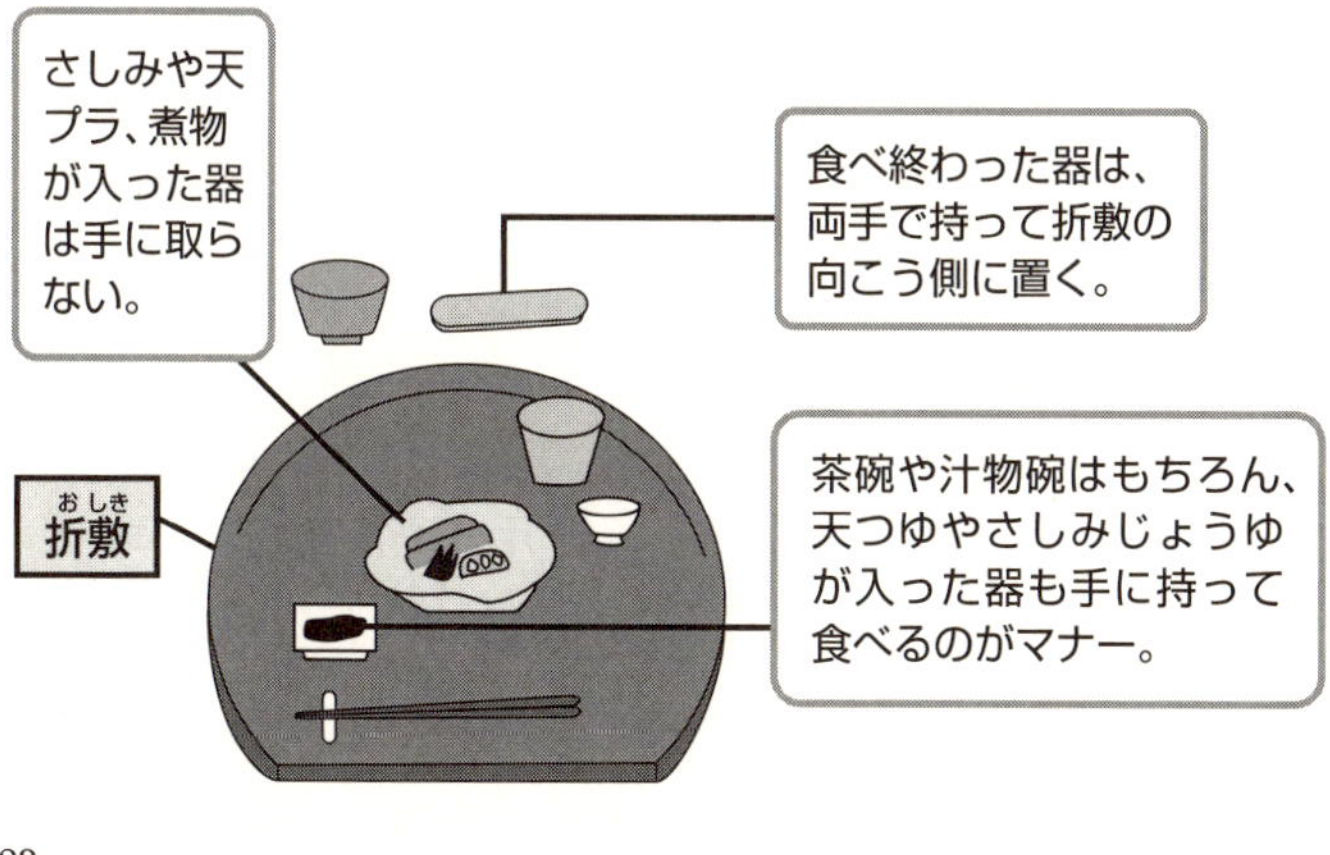
さしみや天
プラ、煮物
が入った器
は手に取ら
ない。
食べ終わった器は、
両手で持って折敷の
向こう側に置く。
折敷《おしき》
茶碗や汁物碗はもちろん、
天つゆやさしみじょうゆ
が入った器も手に持って
食べるのがマナー。

「食べ終わった皿」の上を意識する

たとえば、焼き魚などを食べ終えた皿の上を意識している人がどれだけいるだろうか。内臓や小骨などが散らかっているとしたら、あまりいい印象は持たれない。食べ終わった皿の上はできるだけ整然とさせておきたいものだ。小骨などがあったら端に寄せておき、懐紙などを乗せて見えないようにするといいだろう。

いかにも食べ散らかしたような皿をそのままにしておくと、「ふだんの生活もだらしないのか」と思われてしまう。周りから見て不快に思われないようにという気配りはそのまま本人の気品につながるのである。

もちろん必要以上に堅苦しく考えることはないのだが、まずはマナーの基本を守ることで楽しい食事作法が身につくのである。

「お酌」は大人のコミュニケーションツール

宴席には酒がつきものだが、なかでもビジネスでの酒席の場合は「お酌」という気配りが重要になる。

最近は「お酌なんてする必要ない」とする風潮もあるようだが、ビジネスでの宴席ではお酌をするという行為が大事なコミュニケーションのひとつであるのもまた事実だ。

ところでお酌は、ただお酒を注ぐということではなく、「あなたのことを気にかけている」という気持ちのアピールでもある。相手のコップが空になる前に「ビールをどうぞ」などと言って率先してお酌をしたいものだ。

さしつさされつ、というように、「お酒を注ぐ」という行為をうまく使うことで円滑なコミュニケーションが図れるのである。

これだけは身につけておきたい「テーブルマナー」

一流の店ほど臨機応変に対応してくれる

フランス料理は好きだが、テーブルマナーが気になって肝心の味が楽しめない…。食べることには大いに興味がある人でも、フランス料理というとつい敬遠してしまう人も多いのではないだろうか。

同じ西洋料理でも、みんなで取り分けながら賑やかに食べるイタリア料理などとは異なり、フルコースのフランス料理は食べ慣れていないぶん緊張する。

作法という点では細かい決めごとも多いが、しかし、けっしてミスが許されないということではない。こんな逸話がある。

現在の英国女王が他国から招いた王族と会食した際、その王族のひとりがフィンガーボ

食事前のマナー

注文する

前菜からメインまで
男性がまとめて注文
するのが望ましい。

テーブルにつく

椅子の左側から入って立ち、ひ
ざの後ろに椅子が当たったら
ゆっくりと座る。

ナプキンをかける

注文がすんだら、
二つ折りにした
ナプキンを輪の
方を手前にして
ひざにのせる。

一流レストランでは上座は女性の席

　ワインを注ぐ、料理を出すなど、一流レストランではすべてのサービスが女性のほうを先に供される。そのため、係が最初に椅子を引く上席にも女性が座るのがルール。男性が座ってしまうのは無粋というものだ。高級店であるほど、入店から店を出るまでレディーファーストを徹底すると失敗することはない。

ウルの水を飲料水と間違えて飲んでしまった。ところが、女王はその招待客に恥をかかせまいとして同じようにふるまったというエピソードは有名だ。

同様に、たとえ不慣れな客がフォークを使う順番を間違えたとしても、一流の店ほど客に恥をかかせぬよう臨機応変に対応してくれるものだ。

しかし、それに甘えて不勉強なまま食事をいただくのは無粋というもの。基本的なことだけでも頭に入れておくべきだろう。

西洋のマナーの基本はレディーファースト

もっとも気をつけたいのは、西洋のテーブルマナーでは常識でも日本人にはなじみが薄い「レディーファースト」の心得ではないだろうか。

たとえば、和食では上座に男性が座ることが多いが、フランス料理では女性が上座に座るのが一般的である。

また、料理のオーダーや会計も男性が請け負うものだし、ましてや女性にお酌をさせるなどはもってのほかである。

もちろん、その会食に接待の意味がある場合ならこの限りではないが、郷に入っては郷に従えの精神を忘れないようにしたい。

品のいい大人の条件が、ＴＰＯに合わせたふるまいができることだとすれば、こうしたあらたまった席でのスマートな身のこなしも大きな魅力となる。

慣れないうちはぎこちない動きでもいいだろう。大事なのは食事や会話を愉しみながら、なおかつ周囲の人たちを不愉快にさせないというごく当たり前の心がけなのだ。

食事中と食後のマナー

女性はお酌をしない。連れの男性か、お店の人に任せる。

食べている途中にナイフとフォークを置くときは、手前に「ハ」の字に置く。

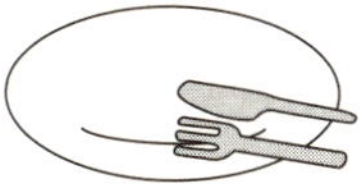

並べておくと「食べ終わりました」のサインになる。

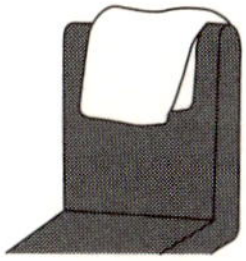

ナプキンは、中座するときは椅子の背にかけておき、食べ終わったら軽くたたんでテーブルの上に置く。

「洋食のマナー」はここだけおさえる

洋食のテーブルマナーをきちんと把握している人は意外と少ないのではないだろうか。ここでは、その基本となる作法をあらためて確認しておきたい。

すでに触れたが、まず、ワインはテーブルに置いたままウェイターが注ぐ。グラスは、脚を親指と人差し指で持ち、乾杯は目の高さに持ち上げ、グラス同士は合わせないのが正式なマナーだ。

また、スープは手前から向こうへスプーンですくい、残り少なくなったら手前を少し持ち上げて斜めにしてすくう。パンはスープが運ばれてきてから、皿の上でひと口大にちぎって食べるようにする。料理のソースをつけるのはいいが、デザートの前までに食べ終わるようにしたい。

会食中の「中座」はマナー違反

複数で食事をしているとき、どうしても席を外さなければならないとしたら、かなり気を使う必要がある。

基本的に食事中の中座はマナー違反だ。しかし、どうしてもトイレに行きたくなってしまったとか、緊急の電話をしなければならないというときもある。そんな場合は、周囲の人に「ちょっと失礼します」と必ず断りを入れよう。

電話をかけるのは当然、店の外に出てからである。間違っても座っている席でかけたり、店内で大声で話したりというのはタブーだ。

また、ふたりきりの席であまり長く中座するのはかなり失礼な行為である。大切な用事は前もってすませてから会食の席に臨むようにしたい。

意外と知らない「中華料理」の食べ方

賑やかに食べるのが中華料理の流儀

日本人がもっともよく食べる国の料理といえば中華料理である。今やラーメンも餃子も日本の国民食だし、麻婆豆腐やチャーハンは定番の家庭料理にもなっている。

だが、それほど身近な食べ物なのに、正式な中華料理のマナーはと問われれば、なかなかピンとこないのが現実だ。だからこそ、ひと通りのマナーを身につけている人は一目おかれる存在でもある。

中華料理は和食やフランス料理に比べると、どちらかといえば砕けた雰囲気の中で食べるのが流儀だ。食器の音を立ててもとがめられないし、料理をこぼしたとしてもさほど気にしない。

中華料理のマナー

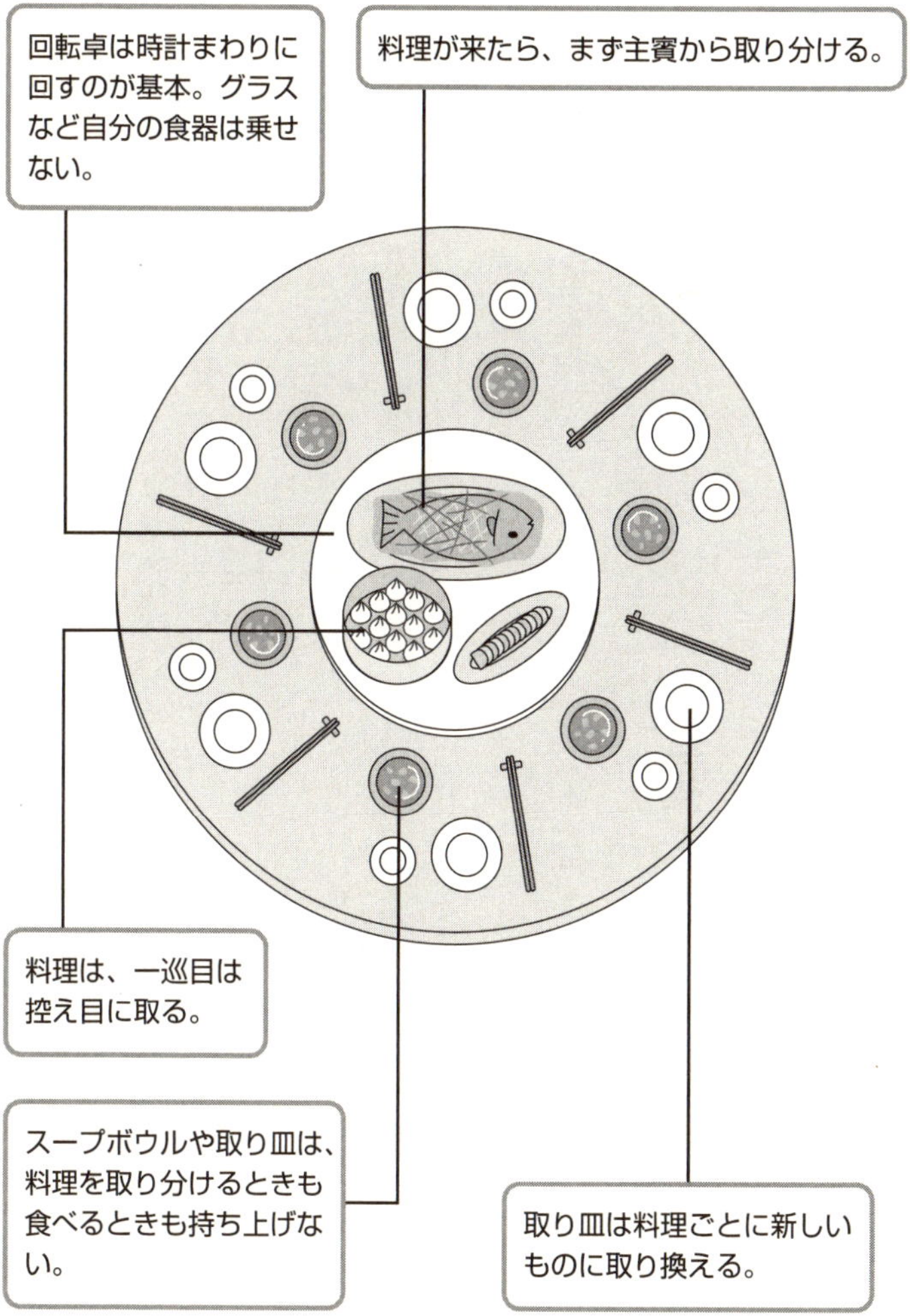
回転卓は時計まわりに回すのが基本。グラスなど自分の食器は乗せない。
料理が来たら、まず主賓から取り分ける。
料理は、一巡目は控え目に取る。
スープボウルや取り皿は、料理を取り分けるときも食べるときも持ち上げない。
取り皿は料理ごとに新しいものに取り換える。

ただ、他の料理と決定的に違うのは、食べる場所が円卓テーブルだということである。これは「品数が多く大勢で賑やかに食べる」という中華料理の特徴を鑑みれば、理にかなった食卓だ。もちろん円卓テーブルにも上座があり、たいていは後ろに絵画や掛け軸などが飾られているのでそれを目安にするといいだろう。

円卓は時計回りで目上の人から取り分ける

そして、料理をいただく段になってもっとも注意すべきは、やはり回転卓の作法である。中国では料理は上座から置かれ、上座に座っている人が取り終えてから時計回りに回すというルールがある。

比較的堅苦しくない中華料理のマナーにあって、これを破ることは最大のタブーともいえる。それだけ目上（上座）の人を重んじているというわけだ。

では、すぐ左前に食べたい料理がある場合はどうすればいいか。わざわざそのためにグルリと一周させるよりは、左側にいる人に取り分けてもらうほうがスマートである。

ただ、箸を伸ばしているときに円卓を回すのは失礼になるため、むやみに回すのは避けたほうが無難だろう。

また、うっかりやってしまうのが、回転卓にビール瓶やコップを乗せてしまうことだ。どれほど静かに回しても倒れてしまう恐れのあるものは乗せないほうがいい。

中華料理は基本的に大皿料理なので、一巡目から多めに取るのは行儀が悪い。全員が不慣れなようなら率先して店員に取り分けを頼むようにしたい。

円卓の席次

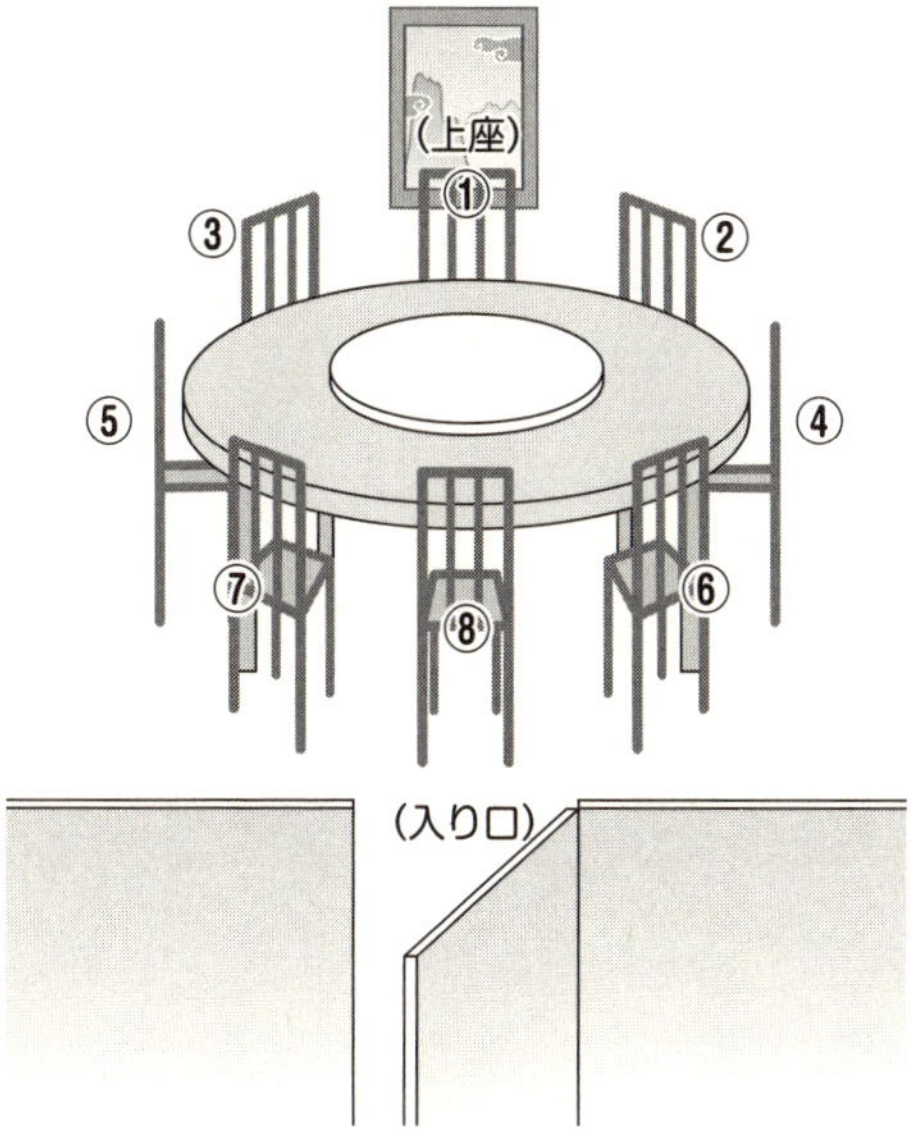

部屋の一番奥の席が主賓が座る上座になり、入り口にもっとも近い席が末席になる。

失敗をしたときのスマートな「切り抜け方」

飲食店での失敗はプロに処理をまかせる

今日は絶対失敗できないと思う日に限って失敗をする――。まるではかったかのように自己暗示が裏目に出てしまう体験は誰にでもある。

たとえば、恋人の両親との顔合わせの食事でグラスを倒してしまったり、お見合いの席でフォークを床に落としてしまう、大切な接待の席で茶碗を豪快にひっくり返してしまったりと、その瞬間は顔から火が出そうなほど恥ずかしいものだ。

しかし、真っ赤な顔をしておろおろしているだけではどうにもならない。このハプニングをどう切り抜けるかで、その人の真価が問われるのだ。

まずは、どんな失敗にも共通していえるのはけっして慌てないことである。

失敗してから騒いでもしかたがない。しかも、大声を出したり意味もなく席を立ったりするのは同席者にも迷惑がかかるし、他のお客から見れば見苦しいものだ。

飲み物を倒したり料理を落としたりしたら、すぐさま店のスタッフを呼んで処理してもらうことだ。

また、箸やフォークを床に落としてしまった場合も自分で拾う必要はない。まず「すみません」と謝ったうえで、新しいものを持ってきてもらうのが正解である。

苦手な食材が出たらどうするか

同じようなピンチに遭っても、意外と対応するのが難しいのが苦手な食材に遭遇してしまった場合である。

予約をするときなどにあらかじめ店に伝えられるようならばいいが、招待された席などではそれもままならない。

そういう場合は、箸をつけずにあしらいの葉物などでそっと隠して下げてもらうといい。そうすれば店側にはその意図が伝わるし、同席者にもわからないはずだ。

事情が許すなら「どうしても苦手で」とひと言伝えるといい。美味しくなかったのではないかという店側のよけいな心配を取り除くためである。
ミスやハプニングはけっして恥ずかしいことではない。むしろ、その後の処理のしかたに大人としてのふるまいが表れる。

グラスを
倒してし
まった！

まず同席している人に謝り、皿などにこぼれた飲み物が入らなかったかを確認し、テーブルの係を呼ぶ。自分のおしぼりでテーブルを拭いたりしなくてもいい。高級店ほど係が何事もなかったかのように対処してくれるのでおまかせする。

ナイフを
床に落として
しまった！

食事中にナイフやフォークを床に落としてしまっても、けっして自分で拾わないのがルールだ。さりげなく合図してテーブルの係を呼び、新しいものと取り替えてもらえるようにすればいい。

食べられない食材が出た！

料理は出されたものをすべて食べるのがマナーだが、どうしても食べられない料理が出てきたときは残してもいい。和食のときは箸をつけずに器の端に寄せておくが、フランス料理などはまったく口をつけずに残すのはマナーに反する。

器を割ってしまった！

うっかり器や調度品を壊してしまったら、すぐに店の人に詫びることが大切。そして、弁償を求められなくても、後日、お詫びの手紙と菓子折りなどを送りたい。見られていないからといって、そのままにして帰るのはマナー違反だ。

手が汚れてしまった！

骨付き肉や海老料理を食べるときに、つい手を使ってしまい指先が汚れてしまったら、フィンガーボウルを頼めばいい。ボウルの中で片手ずつ指先をこすって汚れを落とし、ナプキンの内側で拭く。

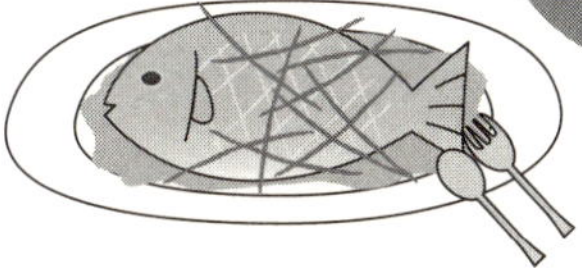

料理をうまくとりわけられない！

大人数でひとつの料理を分け合う中華料理は、盛りつけを崩さないように手前から取るのがルールだが、なかには魚の姿煮のように取り分けるのが難しい料理もある。そんなときは、店の人を呼んで身をはずしてもらうといい。

後悔しないための「宴席」の作法

無礼講だからこそふるまいに気をつける

鎌倉時代、後醍醐天皇は北条氏を倒す戦略を相談するために部下を集めた。しかし、その計画を絶対に外部に漏らしたくはなかったため、毎夜、バカ騒ぎの宴会をしてカムフラージュし、その裏でじつは作戦を練っていた——。

身分の上下に関係なく開かれているかのように見えたその宴会を周囲の人間が表した言葉が「無礼講」である。

忘年会、新年会、歓送迎会など、大人ならではの楽しみでもあるかしこまった宴席ではよくこの言葉が使われる。

だが、いくら無礼講だからといって羽目をはずしすぎると後世の語り草にもなりかねな

宴席の席次

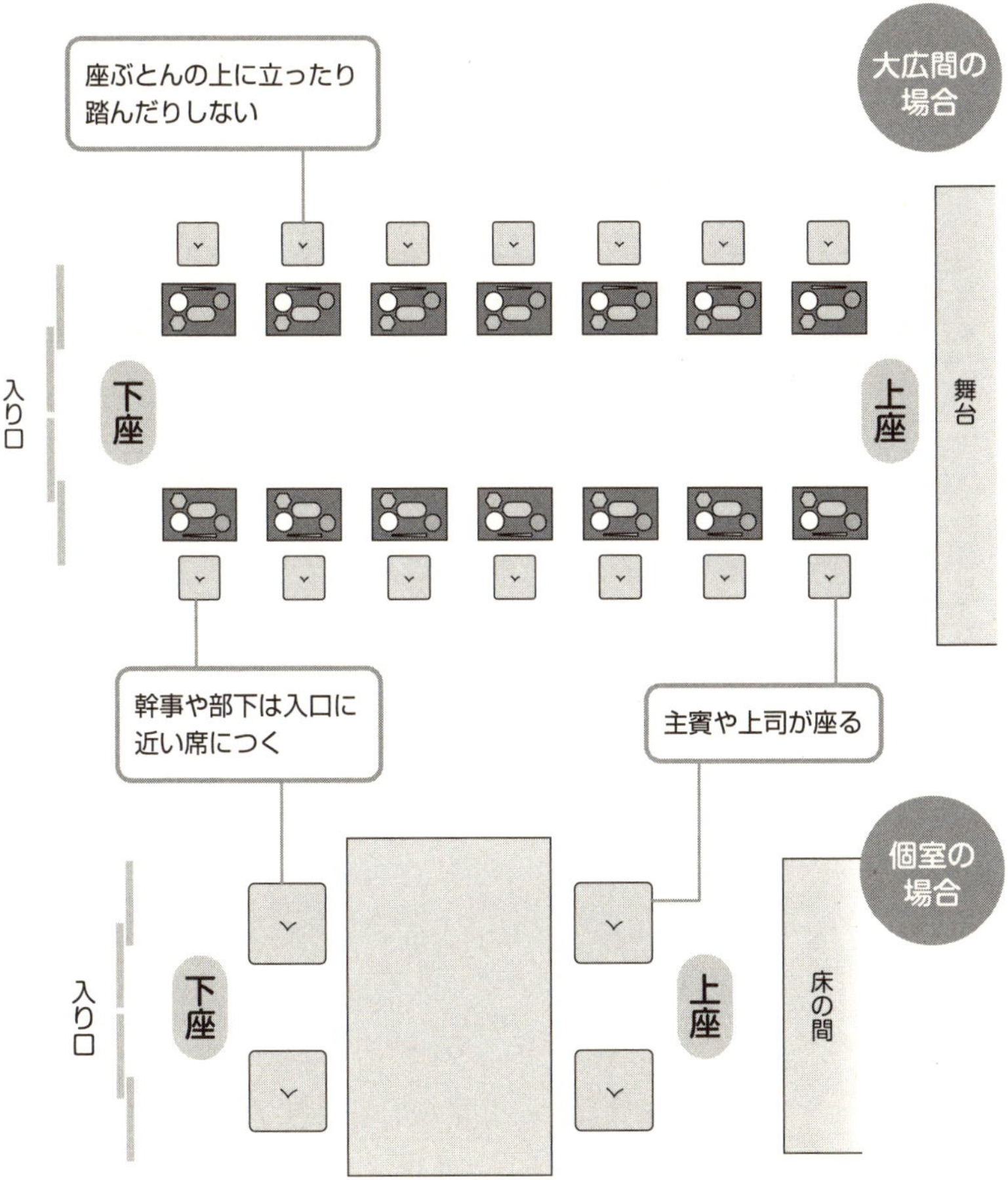
大広間の場合
座ぶとんの上に立ったり踏んだりしない
入り口
下座
上座
舞台
幹事や部下は入口に近い席につく
主賓や上司が座る
個室の場合
入り口
下座
上座
床の間

い。ただでさえ酒が入ると気が緩みやすくなるので、基本的なマナーだけはしっかりと頭に叩き込んでおくようにしよう。

酒を強引に勧めるのはマナー違反

よくある宴席といえば、大広間に銘々膳《めいめいぜん》が据えられ、座布団が敷かれているというパターンである。

この場合、入口から遠い席が上座となり、入口に近くなればなるほど下座になる。幹事や新人は何かと動きやすい下座に座るのが通例だ。

座布団にも細かい作法はあるが、宴席ならば最低限、座布団の上に立ったり踏んだりしなければいいだろう。

宴席が進めば、お酌をしたり、されたりという運びになるが、無礼講だからと強引に酒を勧めるのは感心しない。

よく「オレの酒が飲めないのか」とばかりに部下にからむ上司がいるが、こうしたアルコールハラスメントはしばしば社会問題になっている。人によっては本当に酒が苦手な場合もあるので、グラスの中身がまったく減っていないようなら無理に注がないようにしたい。

お酌をするとき、されるとき

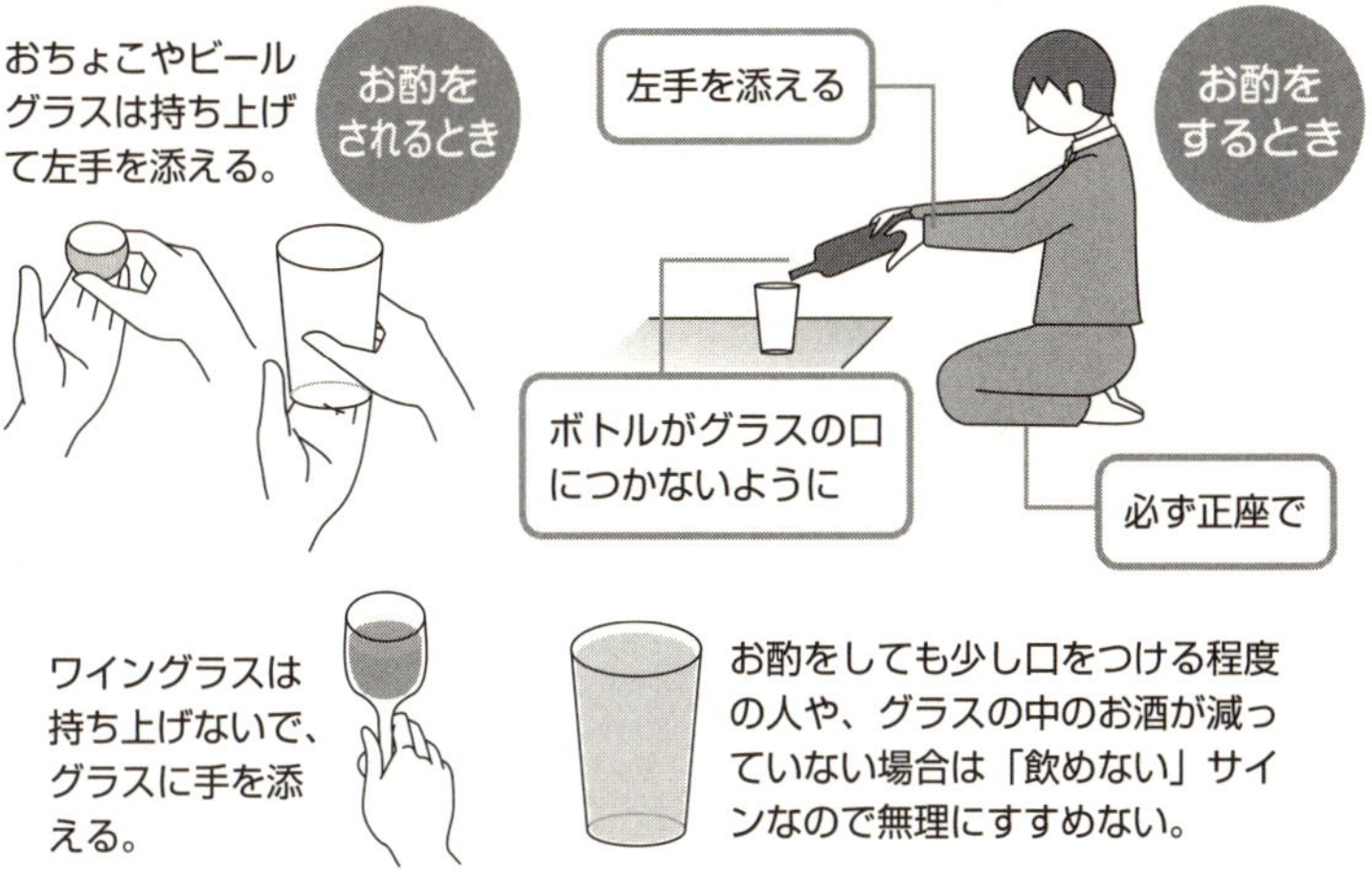
おちょこやビールグラスは持ち上げて左手を添える。
お酌をされるとき
左手を添える
お酌をするとき
ボトルがグラスの口につかないように
必ず正座で
ワイングラスは持ち上げないで、グラスに手を添える。
お酌をしても少し口をつける程度の人や、グラスの中のお酒が減っていない場合は「飲めない」サインなので無理にすすめない。

一方、お酌をされるときは、ワイングラス以外は必ず器を持ち上げること。お膳の上に置いたまま受けるのは「置き注ぎ」といってマナー違反になる。つがれたら必ず一度口をつけてからお膳に置くのが礼儀だ。

ちなみに、同じ宴席でも4～5名で個室などで小じんまりと行う場合もあるが、基本的なマナーは同じである。

いずれにせよ、アルコールのせいにして無礼なふるまいをするとそれだけで人としての品格は台無しになる。

節度と品を保ちながら、明るくその場を盛り上げられるようになれれば社会人としては合格だろう。

宴席では「幹事のフォロー」をする

社内や取り引き先を招いての宴席が単なる飲食の場でないことはわかりきっていることだ。しかし、出席者の人間関係などを把握しきれていないような集まりの場合、誰にあいさつに行くべきか、お酌をする順番など悩むことも多い。

そんなときは、幹事のフォローをするという視点で行動するといい。

幹事役に前もって「お手伝いできることがあれば声をかけてください」とひと言伝えておき、彼の行動にさり気なく注目しておくのだ。

幹事はゲストの全員の顔触れを把握しているから、その行動を見ていれば自然とやるべきことがわかるはずだし、面識のない相手に紹介してもらえることもある。

宴会のキーパーソンは、主賓ではなく〝幹事〟なのだと覚えておきたい。

「スーツのボタン」はいつかける？

ある程度あらたまった食事の席では、多くの男性の服装はスーツと決まっている。スーツを着て食事をする場合、上着のボタンは座るときに外すのがマナーである。

スーツの上着は、基本的に立っている姿勢を元につくられている。ボタンをかけた状態で座るのはそもそも窮屈な話なのだ。

たとえば、レストランなどでコートを預ける場合は、席に座るまでは上着のボタンは外さない。そして座るときにさり気なくボタンを外すのだ。その一連の動作がスムーズにできると、「洗練された人」という印象を与えることができる。

洗練されたマナーというのは、相手に好感を与えるだけでなく、自分が快適に過ごすための作法でもあるのだ。

美しい「カップ」の扱い方

必要以上に大きな音を立てない

洋食をいただいたあとにはコーヒーや紅茶がつきものである。

上質なカップとソーサーで出されるとなんとなく優雅な気分にもなるし、いただく側としてもできるだけ美しい作法で楽しみたいものだ。

そこで、まず注意したいのがカップの持ち手だが、これは左右、どちらに向けて出されるかは店や国によって異なるようだ。したがって、自分で利き手の方向に静かに回すようにするといいだろう。

また、それほど神経質になるような作法ではないが、たとえば立食パーティーなどでカップを手に持つ場合は、片手でカップを持ち、もう一方の手でソーサーを持つようにする。

持ち手は、親指と人差し指、中指でしっかりと挟んで持つ。

カップの持ち手が左向きに出されたら、持ち手をつまんで時計回りに静かに回す。

NG

持ち手の中に指をひっかけるのは手が美しく見えないうえに、子供っぽく見える。

スプーンやシナモンスティックなどは、使っても使わなくてもカップの向こう側に置く。

移動する際には必ずソーサーにカップを置くのがマナーだ。

　ちなみに、フルコースで最後にコーヒーが出た場合は、この時点で席をはずし、化粧室などに行くのはマナー上問題ない。

　いずれにせよ、カチャカチャと不必要に音を立てたり、カップにスプーンを入れたままにしなければ、品を落とすようなことはないだろう。

「外食マナー」で恥をかく人の共通点

携帯電話での撮影はくれぐれも注意

自宅で食事をするのとは異なり、外食では席に着く前からいろいろと気をつけておきたいマナーがある。

まず、料理を台無しにするような強い香水は避けるようにしたい。自分では気づかなくても、他のお客にとっては迷惑になることがあるからだ。

また、店に着いたら大きなカバンやコートはクロークに預けるのが望ましい。女性は小ぶりのバッグやポーチがあるなら、座席の背に置いておいてもいい。

問題になりやすいのは、スマートフォンや携帯電話の扱い方である。マナーモードにして通話を控えるのは当然としても、料理の写真を携帯のカメラで撮ったりすると、他の客

小ぶりのバッグ

女性の小ぶりのバッグは、椅子の背もたれと背中の間に置くとスマートで、自然と姿勢もよくなる。持ち手を椅子の背に引っ掛けるのはＮＧ。

コートや大きめの荷物

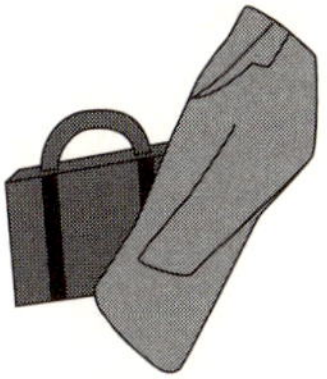

コートは脱いで軽くたたみ、バッグと一緒にしてクローク係に預ける。

スマホ携帯電話

入店前に電源を切るかマナーモードに切り替え、ポケットやバッグにしまっておく。食事中にテーブルの上に置いておいたり、触るのはよくない。

香水

強い香水の匂いは周囲にいる人の気分まで台無しにしてしまう。つけるなら、ごく軽い香りのものを少量にとどめておく。

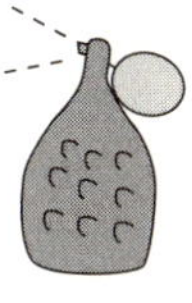

から店にクレームが入ることがある。

記念撮影などは勝手に行わずに店のスタッフに相談したい。たいていは、他のお客が写りこまないように配慮をしながら快く応じてくれるはずだ。

レストランや料亭はいわば公共の場である。同席者はもちろんのこと、他のお客にも迷惑になるようなふるまいはご法度と肝に銘じておきたい。

おごられたら「感謝」を伝えて、「おごり返す」

仕事のつき合いで食事をする場合、ごちそうになることも多い。そんなとき「ここは割り勘で」など言って固辞するのはスマートな対応とはいえない。

そこは、相手の好意を受け取ってごちそうになるべきだが、ただおごられておしまいにしてはいけない。感謝の意を伝えて、おごり返すのである。

ごちそうになったときにお礼を言うのは当然として、翌日にも電話やメールで感謝の意を伝えたい。そして次に会う機会があったら、「先日はごちそうさまでした」とひと言伝えるのだ。おごり返すときのスマートなやり方としては、「今日は貴重なお話をありがとうございました。お礼にお食事でも」などと、理由をつけて食事に誘うのである。

相手が負担に感じないおごり方ができるようになれば社会人として一流だといえよう。

特集
1

ワンランク上を目指す！
できる大人の所作の法則①

欠点＋長所で誰もが納得する

欠点があれば、きちんとそれを説明するのが筋だ。隠し事のない態度は人から信頼を得る条件のひとつだが、言い方にはコツがある。「この工場は設備こそ最新ではありませんが、職人の技は見事です」というように、欠点のあとに長所をつけ加えれば誰もが納得する説明になる。

㊙事項はさりげなくメモで伝える

上司に伝えたいことがあるが、ほかの人には聞かれないほうがよいという場合に使われるのがメモだ。ふせんなどに伝えたい内容を書き、さりげなく別の書類と一緒に渡せばスマートだ。こうしたことに気を使えるかどうかも社会人としての基本である。

湾曲な言い回しはホウ・レン・ソウには不向き

日本語では相手に失礼にならないように、わざともってまわった言い方をすることがある。だが、仕事上の報告においては直接的な言い方でないとトラブルのもとにもなりかねない。いくら上司だからといって、長々と前フリを入れる必要はないのである。

おうかがいを立てるときは相手の意向を尊重する

10時に訪問したい、3日前までに連絡がほしいという場合は、相手の意向をうかがう形で伝えたい。「10時にお伺いしてもよろしいでしょうか」、「3日前までにご連絡いただけますでしょうか」と言えば、押しつけがましさがなくなる。

社交辞令には本気の返答はしない

久しぶりに会った相手から「ご活躍とうかがっております」と声をかけられ、「いや、おかげさまで。じつは今日もこれから…」などと、長々と自分のことを話すのは格好が悪い。典型的な社交辞令には、「ありがとうございます、まだまだ修行中の身ですが…」などと無難な社交辞令で返しておくのが大人の対応だ。

ビジネスでは複数の「わたしたち」は使ってはいけない！

学生時代の名残でつい「私たちの部署では…」などとなりがちだが、ビジネスでは目上の人や来客に対しては「わたくしども」を使い、その他のケースでは「わたしども」を使う。職場では、そもそも複数を表す「たち」は用いないのが常識だ。

訪問客には「お待ちしておりました」で会社のイメージを上げる

アポを取って訪れた来客には、「いらっしゃいませ」のあいさつだけでなく、「お待ちしておりました」のひと言を添えたい。また、自分以外の人を訪ねてきた客にもこうして声をかければ、会社全体のイメージアップにもつながる。

会社では「行ってきます」ではなく「行ってまいります」

営業などで外出する際には、「では、行ってまいります」とひと声かけて社を出るのがルールだ。「行ってきます」という人も多いが、これでは家族に言うのと同じである。会社はあくまでも公の場なのだから、それなりの言葉づかいが必要だ。

家族を他人に紹介するときは卑称を使う

卑称《ひしょう》とは、「父」「母」「主人」「家内」「息子」「娘」「兄」「弟」などのことで、第三者に自分の家族のことを話すときに使うと、ビジネスパーソンとしての体面を保つことができる。「息子がいろいろとお世話になっているそうで、ありがとうございます」という使い方をする。

お客に声をかけられても気軽に返してはいけない

長いつき合いですっかり親しくなった客でも「お客様はお客様」だ。気軽に「久しぶり！　元気？」と声をかけられても、「元気ですよ」などと返してはいけない。「ご無沙汰しております」と敬語を使いながらも、よそよそしくならないよう親しみを込めて話せばいい。

ビジネスシーンでは「すみませんが」より「恐れ入りますが」を使う

人にお願いするときや、呼びかける場合などに「すみません」は便利な言葉ではある。だが、ビジネスシーンでは「恐れ入りますが」を使うのが正しい。また、尋ねることがある場合も「すみませんが」ではなく「少々、おたずねしますが」を使いたい。

わかりやすく筋の通った話し方で頭と心に響かせる

仕事ができる人は、相手の頭と心にズシンとくる話し方をするものだ。理路整然としていてわかりやすいことはもちろんだが、何が課題なのか、何を目標にしているのかなどが心に響けばますますチーム力が高まるのである。

第一声を時間帯によって変えれば会社の品格が上がる

電話がかかってきたら「はい、〇〇です」と出ることが多いが、ワンランク上の人は時間帯によって第一声を変えている。朝なら「おはようございます、〇〇です」、それ以外の時間帯は「いつもありがとうございます、〇〇です」。たったこれだけで、会社の品格まで上げることができる。

名刺交換を迫るアポなし営業を断る理由は「個人情報」

アポなしで訪問してきた人に「せめて名刺交換でも」と迫られたときの対応のしかたはこうだ。「個人情報が記載されておりますので、むやみにお配りしないよう上から言われておりまして」と申し訳なさそうに言えばスマートに断れる。

近くまで来たから訪問するという場合、電話を1本入れる

「ほかの用事で近くまで来たものですから…」と言いながら、得意先ならアポなしで顔を出すことも許されるかもしれない。だが、気の利く人は、どんな相手でも訪問する前に1本電話を入れて相手の予定を聞いてから行動するものだ。もちろん、手土産を持参することもお忘れなく。

電話の復唱は「そういたしますと…」で内容確認をする

電話では聞き間違いによるトラブルが起こりやすいので、用件は必ず復唱することだ。しかし、「復唱させていただきます」ではあまりにも機械的なので、「そういたしますと…」と切り出せばいい。コツは相手の言葉をそのまま復唱するのではなく、要約して伝えるようにしたい。

「ただいま席をはずしております」というのは間違い

「ただいま席をはずしております」というのは、じつは対面している相手に対しての言い方で、電話では「あいにく席をはずしております」になる。「あいにく…」は、次の行動を相手に向かって考えさせる〝合図〟になるのである。

休んでいる社員に電話がかかってきたら「本日は休みを取っております」

休んでいる社員に電話がかかってきたとき、「本日は、お休みをいただいております」というのもよく使われる言い方だが、電話をかけた相手にしてみれば「自分が休みをあげたわけではない」と感じることもある。「本日は、休みを取っております」で、すっきりと伝わる。

電話の相手の声が聞こえにくいときは「お電話が遠いのですが」

電波の状態がよくないせいか、電話で話している相手の声が聞き取りにくいことがある。そんなときには「お電話が遠いのですが」と言えば失礼にならない。聞き取りにくいことが相手にストレートに伝わるからだ。間違っても「聞こえません」とか、大声で「もしもーし！」などとは叫んではいけない。

「○○はおりますでしょうか？」の電話には誰でも敬称をつける

会社に「○○はおりますでしょうか？」という電話がかかってきたら、その社員の身内だと思って間違いない。このようなときに「ただ今、○○は…」と言うのは失礼だ。「恐れ入りますが、ご家族の方でいらっしゃいますか」と確認したうえで、「○○さんは外出されていますが」と丁重に対応するのが正解だ。

携帯電話にかけたときは2つのことに気をつける

携帯電話に連絡するときには、相手がどこで何をしているのかわからないので、「今、お電話大丈夫ですか？」と前もって確認するのがマナーだ。同じように、長電話になりそうな場合も「少々長くなりそうですが、よろしいですか？」とたずねてから話を切り出すようにしたい。

仕事の電話は用件に入る前に「〇〇の件なのですが」と前置きする

仕事の電話は要領よく端的に伝えたい。そこで、用件に入る前には「〇〇の件なのですが」と前置きするといい。すると、聞いているほうは心積もりができるので何についての話かがすぐにわかる。いきなり用件に入ると、話し終わる頃に「で、何の件でしたっけ」ということになりかねない。

顔を知らない相手にメールであいさつするのはタブー

仕事で初対面の相手とあいさつをするときは、顔と顔を合わせて名刺交換をしてから始めるのがマナーである。新規のアポが取れたからといって、訪問する前にメールで自己紹介やあいさつをするのは無礼だと感じる人もいる。まだ顔も知らない相手には気軽にメールを出さないようにしたい。

緊張している部下をリラックスさせるときには「興味深いね」のひと言を

まだ仕事に慣れていない部下にアイデアを出してくれと言ったところで、緊張して考えていることの半分も伝えられないものだ。そんなときは、よく話を聞いたうえで「興味深いね」「おもしろいね」などと持ち上げてからあいづちを打てば、リラックスしてもっと興味の湧く話をしてくれるはずだ。

お世辞がお世辞でなくなる〝拝借言葉〟を使う

繰り返しになるが、「課長が『Aくんに任せれば安心だ』って言ってたよ」というように、第三者の言葉を引用して褒めると、直接褒められるよりもうれしいものだ。同時にふたりに認められていることになり、結果的にその話の信憑性が増してお世辞ではないと思えるからだ。

他人の前でスマートに部下を褒めると、やる気がアップする

本人から直接褒められるよりも、ほかの人がいる前で褒められたほうがうれしさは倍増するものだ。「キミはいい仕事をするね」と面と向かって言われるより、取引先がいる場で「彼はわが社でもトップクラスの営業マンですので、安心しておまかせください」と紹介されたほうが間違いなくやる気に火がつくのである。

目上の人には「万障お繰り合わせのうえ」は使わない

案内状の締めの言葉としてよく使われるのが、「万障お繰り合わせのうえ、ご参加ください」という一文だ。だが、この文言にはお願いというよりも、「どうしても来ていただきたい」という押しつけがましさがある。目上の人に対しては「ご来臨くださいますよう…」がふさわしい。

「早々と賀状をいただき」は上から目線になるのでNG

送っていない人から年賀状が届いたら、「早々と賀状をいただきありがとうございました」と書いて返事をするのが一般的とされているが、「早々と」という言い方はねぎらいの言葉のように聞こえ、受け取った人の中には見下されていると感じる人もいる。ここは「ご丁寧な賀状をいただき…」と心を込めたものにしたい。

ビジネス文は無味乾燥でもわかりやすければＯＫ

ビジネス文はできるだけ正確に伝えることが一番大切で、読ませる文章である必要はない。また、「大きな○○」、「非常に速い○○」などという形容詞も基本的には必要ない。それよりも、大きさや時間などが具体的に記されているのができる大人のビジネス文なのである。

名前を確認するときは「ございますか」を使わない

人の名前を確認する際に「失礼ですが、○○様でございますか?」というのは失礼だ。「ございます」はもともと「ある」「あります」の丁寧語なので、「○○さまであるか?」とたずねているのと同じになる。この場合は「○○さまでいらっしゃいますか?」が正しい。

休みを願い出るときは「代休を取らせてください」が正しい

「今週の金曜日は、先日の休日出勤の代休を取らせていただきます」。一般的によく使われている言い方だが、これでは一方的な宣言になってしまう。休みを取るときは、やはり上司に願い出なくてはならない。つまり、「代休を取らせてください」が正しいのである。

「先生の教え子の○○です」は立場が逆

たとえば、道端でばったり懐かしい恩師に会い、「先生の教え子の○○です」と声をかけるのは恥ずかしい。教え子というのは、あくまでも先生の側からの見方だ。「先生に教えていただいた○○です」と言えば、先生も教え子の成長を素直に喜べるだろう。

目上の発言を「おっしゃられました」は丁寧過ぎて間違い

先生や上司の発言を第三者に伝えるときに、「こうおっしゃられました」と言うと、「おっしゃる」と「られる」の二重敬語になる。そこは「こうおっしゃいました」で十分に相手を敬う気持ちは伝わる。

よく使われる「何かうかがっていますか」はじつは間違い

上司が連絡もなく時間に遅れている。そんなシチュエーションでよく使われるのが「誰か、何か課長からうかがっていますか?」だ。テレビドラマなどでも使われていたりするが、しかし、「うかがう」は謙譲語なので、この場合は「何かお聞きになっていますか?」というのが正解である。

急ぎのミーティングの後には「お茶もお出ししませんで」と送り出す

打ち合わせや会議にはお茶を出すものだが、急を要する場合にはお茶など出しているヒマもない。それでも、相手が帰るときには「お茶もお出ししませんで」とひと言断れば、無礼を詫びることができる。

来客には「誰をお呼びしましょうか」でかまわない

「どなた」というのは、「誰」の敬語である。だから、身内には使わないのがマナーだ。この場合は「誰を呼びましょうか」というのが本来の正しい日本語なのだが、少々そっけない感じもするので「誰をお呼びしましょうか」でもかまわない。

「お名刺を頂戴できますか」ではなく「お預かりいたします」

アポなしの来客と面会するかどうか上司にうかがいを立てる前に、相手の名刺を預かることがある。そこで「お名刺を頂戴できますか」というのは、丁寧なようで変な日本語である。「名刺をお預かりいたします」でいい。

謝るときは「遺憾に思う」ではなく、きちんと詫びる

よく政治家が謝罪会見などで「このような事態を招き、大変遺憾に思っております」と釈明しているが、「遺憾」というのは「残念である」という意味。きちんと頭を下げて、ストレートに謝ろう。

久しぶりに会った年上の人には「お変わりありませんか」

「お元気ですか」「お久しぶりです」などという言い方もあるが、「お変わりありませんか」は相手を気遣い、寄り添うニュアンスが含まれている。いたわりの気持ちを示すことができる言葉だ。

早退者には「どうしたの？」よりも「どうぞ、お大事に」

体の調子がすぐれないから早退したいという申し出があったら、「どうぞ、お大事に」のひと言とともに早々に帰宅することを勧めたい。「どうしたの？」くらいは聞くのが自然だが、さらに細かいことを根掘り葉掘り聞かないのが大人の気遣いである。

手紙の最後の「お体、ご自愛ください」は少しヘン

季節の変わり目に出す手紙の結びなどに使われる「ご自愛ください」には、「体に気遣って、お元気で」という意味が込められている。そのため、「お体、ご自愛ください」では二重の表現になってしまう。

「お運びいただき」と「足を運んでいただいて」ではニュアンスが違う

パーティーや会議などにゲストとしてきてもらった人には「お運びいただき、ありがとうございました」とあいさつするが、これには「無理なお願いを聞き入れてもらった」ことへのお礼の気持ちが込められている。物理的な「足を運んでいただいて」とは意味が違うのである。

あらたまって「うれしい」気持ちを述べるなら「光栄です」

パーティーやイベント会場などで来場者を紹介されたときには「お目にかかれて光栄です」と言うのが一般的だ。あまり使う機会はないかもしれないが、英語のあいさつでも使われるフレーズなので慣れておいて損はない。

「ご配慮いただき、感謝しております」で心を込めたお礼を

機転を利かせて行動してくれた相手に対しては、「すみませんでした、助かりました」でもよいが、スマートな言い方ではない。「ご配慮いただき、感謝しております」とすんなり出てくるようになったら、立派な社会人である。

わざわざ出向いてもらったら「ご足労をおかけしました」

出向いてもらった取引先の担当者を見送る際に、「今日はわざわざありがとうございました」では感謝の気持ちを十分に伝えきれないと思ったら、「ご足労をおかけしました」を使うといい。ここまで来て対応してもらった感謝の意をこのひと言で伝えられる。

「気を使わないでください」ではなく「お気遣いなく」

約束の時間に訪問先を訪れたのに、担当者が電話中でなかなか姿を現さない。そこに、別の社員が「大変お待たせして、申し訳ありません」と入れ替えたお茶を持ってきてくれた。そんなときには「お気遣いなく」と答えたい。「気を使わないでください」と言うのは相当失礼な印象を与えることになる。

おごってもらったらペコペコせずに「ご馳走になりました」

食事をおごってもらったら、相手が仲のよい先輩なら「ご馳走さまでした」、目上の人ならば「ご馳走になりました」と礼を言うのがふさわしい。「どうもすみません」といつまでもペコペコするのは、おごったほうも何となく気分がよくないのであかるく、さわやかに感謝の気持ちを伝えよう。

人見知りには「お互いさまです」で距離を縮める

初対面の人に「すみません、私は話すのが苦手で…」と言われたら、すかさず笑顔で「お互いさまです」と答えよう。そのひと言で、その人は徐々に心を開いてくれるようになるはずだ。

「僭越ですが」をつければ生意気だと思われない

会議中にどうも話がおかしな方向に向かっていると思ったら、そこは思い切って発言して誤りを正すべきだ。ただ、いきなり「それは違っています」というと生意気だと思われる。そこで「こんなことを申しあげては僭越《せんえつ》ですが」のひと言をつけ加えるようにするのがポイント。

「お知恵を拝借したいのですが」で目上の人への尊敬を表す

自分ひとりでは判断しにくい仕事を抱えていたら、まずは上司や先輩に相談したいところだ。そんなとき、「相談があります」とストレートに言うよりも「お知恵を拝借したいのですが」のほうが、より丁寧で相手に対する尊敬の念が示せる。

他人から受けたおもてなしはメモして自分もやり返す

うれしい〝おもてなし〟を受けたときにはすぐ手帳などに書き留めておくといい。文字にすることで記憶にも残りやすくなる。そして、そのうれしかったおもてなしを自分も誰かにやってみるのだ。こうした小さな積み重ねが人の器を大きくしていくのである。

第5章

気持ちよく過ごす
「暮らしのエチケット」

お呼ばれしたときの「基本作法」

当たり前の作法が人の品位を決定する

大人同士のつき合いのなかでは、新しい友だちや上司の自宅、あるいはふだん会わない親族の家など、少しあらたまった訪問をする機会がある。

そんなとき、幼なじみの家でも訪ねるかのように突然「こんにちは～」などとやる人はまさかいないだろうが、といってきちんとした礼儀作法が身についているかといえば「自信がない」という人のほうが圧倒的に多いのではないだろうか。

それなりにきちんとした形で招待されたときは、訪問する側も良識ある行動でふるまいたいものだ。

「うろ覚えの作法でもなんとかしのげるだろう」とたかをくくっていると、取り返しのつ

あらたまった訪問のときの準備

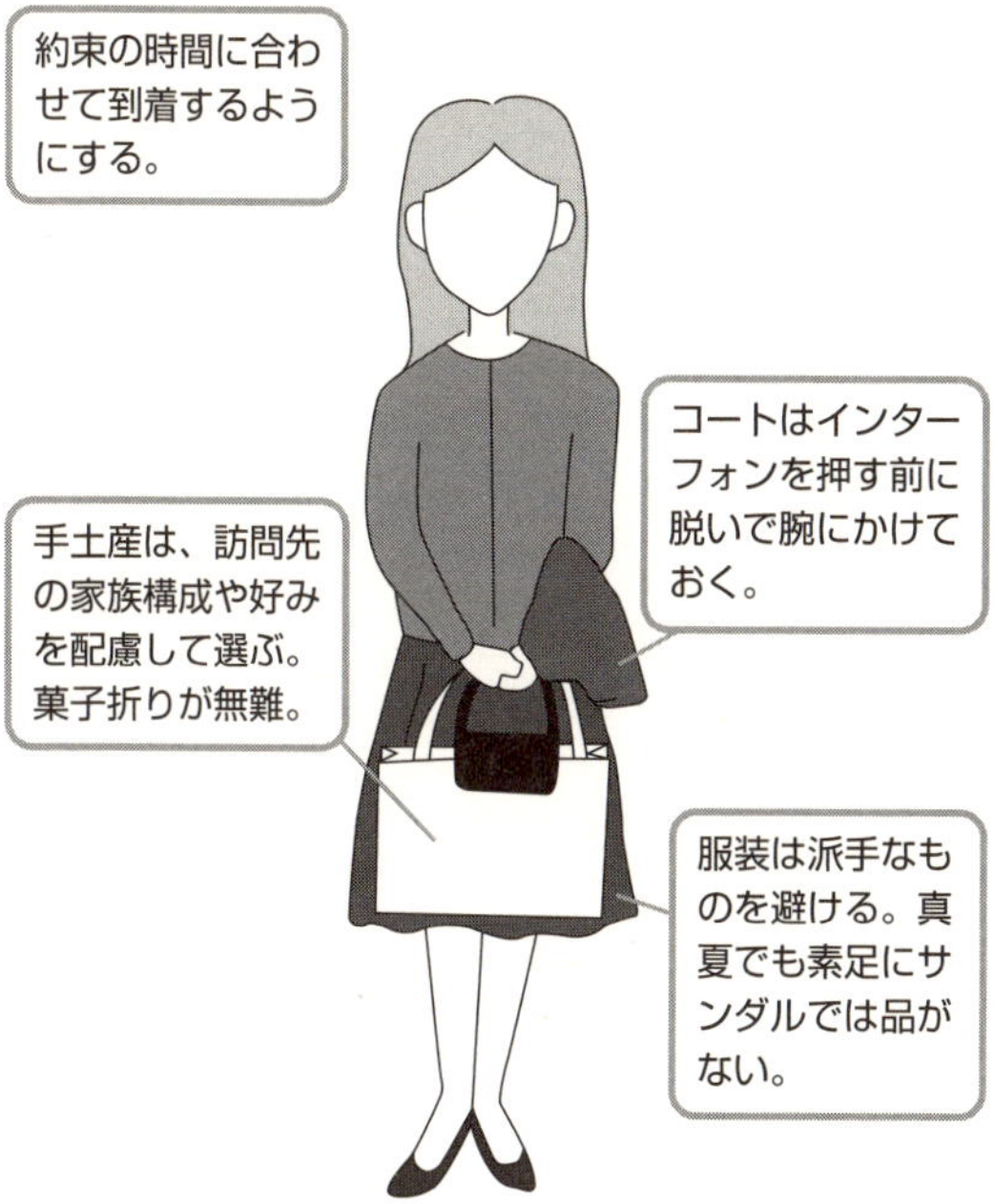
約束の時間に合わせて到着するようにする。
コートはインターフォンを押す前に脱いで腕にかけておく。
手土産は、訪問先の家族構成や好みを配慮して選ぶ。菓子折りが無難。
服装は派手なものを避ける。真夏でも素足にサンダルでは品がない。

かない無礼を働いてしまう恐れもある。

こうした人づきあいの際のマナーをきちんと心得ているか否かは、人としての品位を決める際の大きな基準だ。

「あんな非常識な人は二度と家に招きたくない」などと思われるようでは、どんな人とも信頼関係は築けない。

そんな事態に陥らないためにも、しっかりと基本のマナーを学ぶべきだろう。

相手の気持ちになればわかる訪問時のタブー

他家を訪問する際は、突然いかない、訪問時間を守る、訪ねる前にコートやマフラーは脱いでおくなど、ビジネスマナーと共通する点が多い。

ただし、仕事と異なるのは靴を脱いで家に上がるということだ。脱いだ履物を揃えるのはもちろんのこと、女性はくれぐれも素足で上がらないよう気をつけたい。

また、いくら生理現象とはいえ到着していきなりトイレを借りるのははしたない。当然、先方は快く応じてくれるだろうが、原則としてトイレは訪問する前にすませておくのがエチケットだ。

ちなみに訪問時間については、事前に誘いがない限り、昼食や夕食にさしかかるような時間帯は避けるべきだ。

これは食事を用意しなくてはならない招く側への配慮でもある。

これはどうかなと迷ったら、まず自分が招く側になって考えてみよう。自分がされて困ることは相手も嫌なものなのだ。

玄関でのスマートなふるまい

玄関先でのあいさつは手短に。

「お上がりください」と言われたら…

ハンガーが用意されている場合は、コートをかけて「お願いします」と渡す。

コートの身ごろを裏返しにして、内側を表にして軽くたたむ。

正面を向いて靴を脱いで上がる。

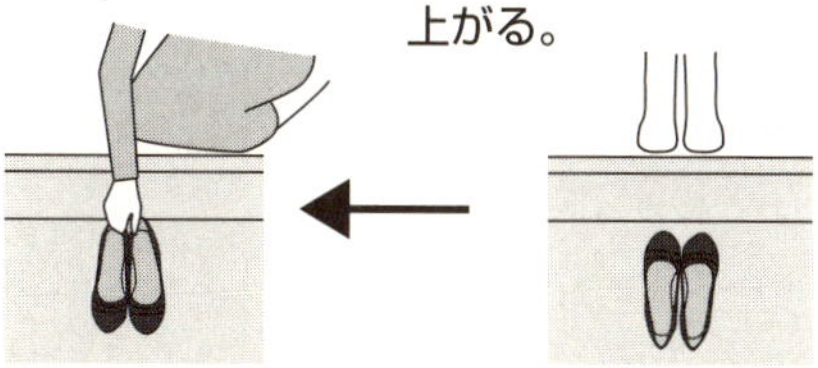

体を斜めに向けてひざをつき、靴をそろえる。

「和室」に通されたときの作法をご存じですか？

日本人なら知っておきたい楚々としたふるまい

子どもの頃は一家にひと部屋は必ずあった和室だが、ライフスタイルの変化により昨今ではそれほど見かけなくなってきた。

実際、ハウスメーカーの声を聞くと、最近の住宅では「全室フローリング」というケースも珍しくないらしい。

しかし、和室には和室ならではの使い勝手の良さと日本人の気質に合った趣がある。とくに大切なお客様を迎えるには洋室よりふさわしい印象がある。

一方で、子どもの頃から和室になじみのない人は、畳敷きで床の間がしつらえてあるような部屋でのきちんとしたふるまいは知らないことが多い。

和室に入るときの注意

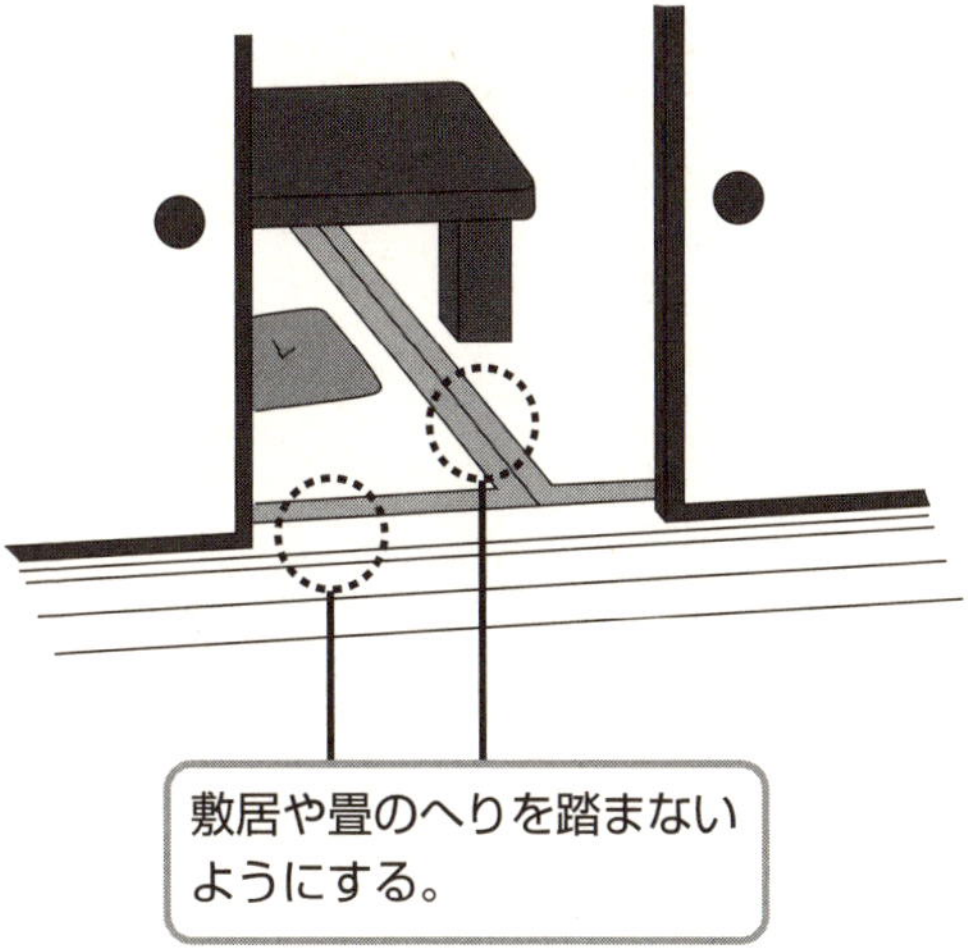

それだけに、たとえば上司や知人の家を訪ねたときに和室に通されると、いったいどんなことに気をつければいいのかわからずに戸惑ってしまうこともある。

知人宅に限らず、高級料亭での接待をはじめ結納、見合いなど、考えてみれば和室は何かと大人の行事につきものである。

こんなとき、いかにも慣れた身のこなしで座布団に座るような楚々《そそ》としたふるまいができる人は気品すら漂ってくる。

今からでも遅くない。日本人なら知っておくべき作法を学んでおきたいものだ。

控えめな気持ちと凛とした態度に品格が出る

和室における上座はどこかといえば「床の間」の前になる。

室町時代、床の間は身分の高い者が座るために一段高い押し板がつけられた場所で、後に出現した茶室の影響を受け、掛け軸や置物を飾る和室独特のスペースになった。

基本的に相手の家へおじゃまするような場合は自分がお客ということになるが、上座へは案内されてから座るのが作法である。その際、くれぐれも荷物を床の間に置いたりしないように注意すべきだ。

そして、部屋に入ったら座布団をはずした状態であいさつをし、手土産があればそこで渡す。この場合、紙袋や風呂敷ははずすのが礼儀だ。

座布団は先方に勧められるまでは遠慮し、当てるときは「失礼します」とひと言かけると丁寧である。

慎み深く、それでいて一つひとつの動きはきびきびしている和室での作法には、このような日本人らしいふるまいがお似合いだ。

和室に通されたときの作法

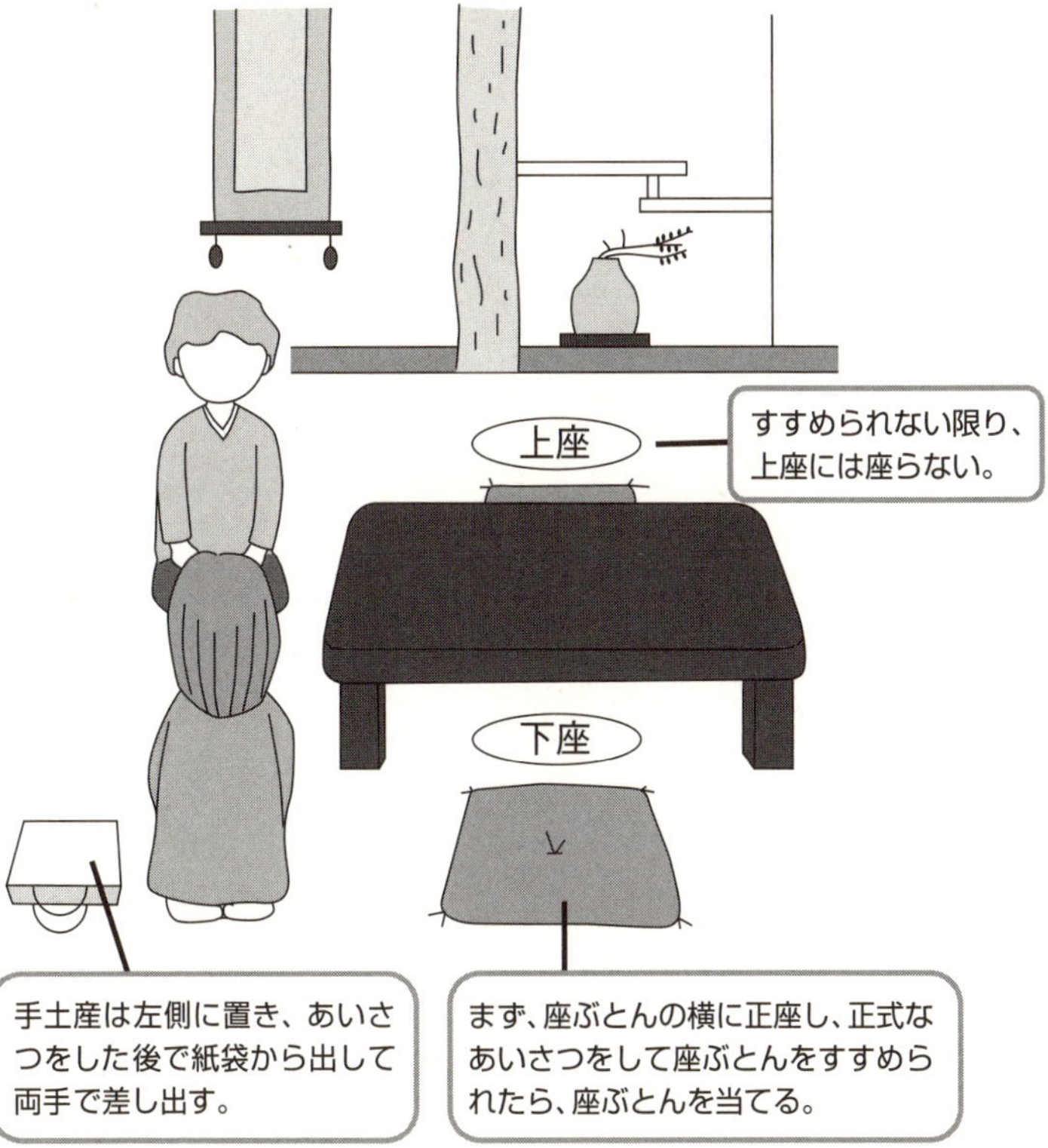

お招きしたときの「もてなし」と作法

ゲストはホスピタリティの精神でお迎えする

ホテルや飲食店など、サービス業のプロが必ずといっていいほど意識している言葉がある。それは「ホスピタリティ」だ。

ホスピタリティとは、「もてなし」という意味である。内容はそれぞれ違っても、その根底にあるのはゲストを思いやり、心から楽しませようとする気持ちだったり、歓待の意思を示したりすることにある。

人づき合いの程度に個人差はあれど、ときには大切な相手を自宅に招くこともある。そんなとき、心がけたいのがまさにこのホスピタリティの心だ。

気の置けない友人ならともかく、めったに招くことのないお客様なら、たった一度の非

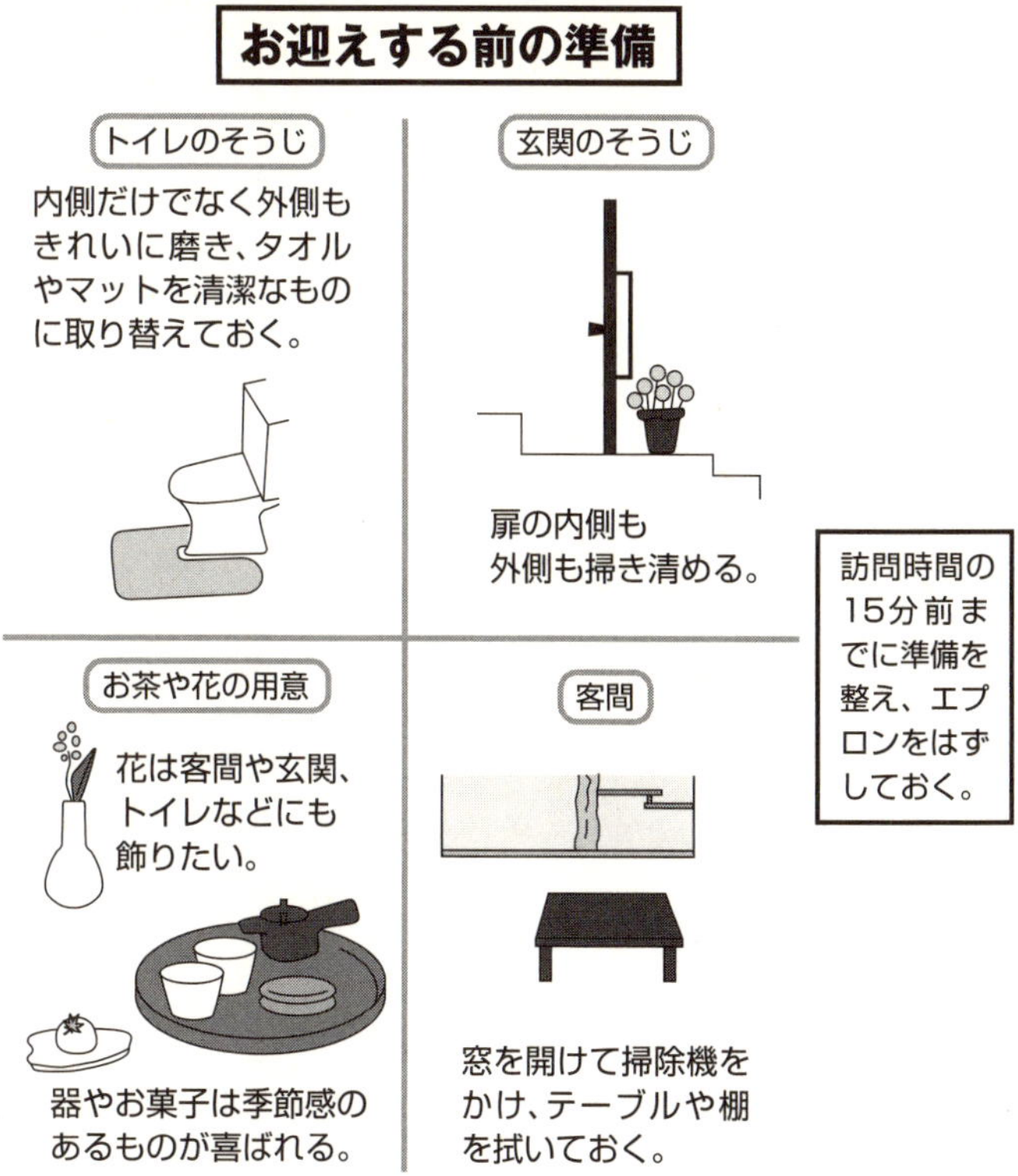
お迎えする前の準備
トイレのそうじ
内側だけでなく外側もきれいに磨き、タオルやマットを清潔なものに取り替えておく。
玄関のそうじ
扉の内側も外側も掃き清める。
訪問時間の15分前までに準備を整え、エプロンをはずしておく。
お茶や花の用意
花は客間や玄関、トイレなどにも飾りたい。
器やお菓子は季節感のあるものが喜ばれる。
客間
窓を開けて掃除機をかけ、テーブルや棚を拭いておく。

礼がその後の人間関係に影響しないとも限らない。あの家へ行ったら、こんな非常識な待遇を受けたなどとあとで噂をされないためにも事前に入念な準備をしたいものだ。

よく「トイレを見ればその会社がわかる」などというが、これは自宅でも同じである。ゲストを招く前に清潔にしておきたいものだ。

また、客間はもちろん、玄関も念入りに掃除しておくことをおすすめする。人は第一印象が大切であるように、家の印象は玄関で決まるからだ。

相手がリラックスして過ごせる雰囲気づくりを

ところで、ゲストが手土産でケーキや生の和菓子など、すぐに食べられるようなものを持ってきてくれた場合は、さっさとしまったりせずに「お持たせですが」と恐縮しつつ、お茶と一緒に出すのがマナーである。

招く側が同じように生菓子を用意していたなら「こちらもどうぞ」と出してもいいし、「よろしければお土産に」と帰りに渡す人も多い。

またゲストが帰るときは、家の中だけであいさつをせず、玄関先で見送るのが礼儀だ。マンションの場合はエレベーターの前で見送る形になるが、扉が閉まるまで深々とお辞儀をするのはビジネスでは模範マナーだが、この場合はやりすぎになるので控えたほうが賢明だろう。

ところで、全体を通していえることだが、マナーを気にするあまり相手が緊張するような態度で接するのはよくない。ゲストがリラックスして過ごせるようにするのも、もてなす側の大事なホスピタリティである。

お迎えしたら

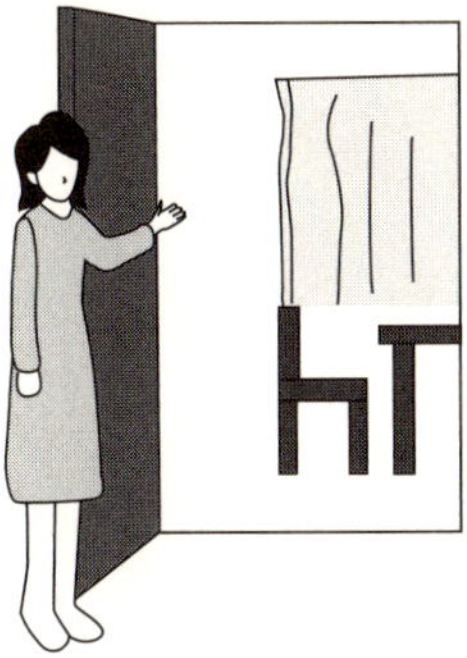

洋室に案内する場合は、
扉を開けて一歩下がり、
「どうぞ」と声をかけて
お客さまを先に通す。

和室に案内する場合は、ひざ
をついて扉を開け、「どうぞ奥
の席に」と声をかけてお客さ
まを通す。

お見送りするとき

お客さまの支度が
すんだら扉を開け、
玄関先まで出て見
送る。

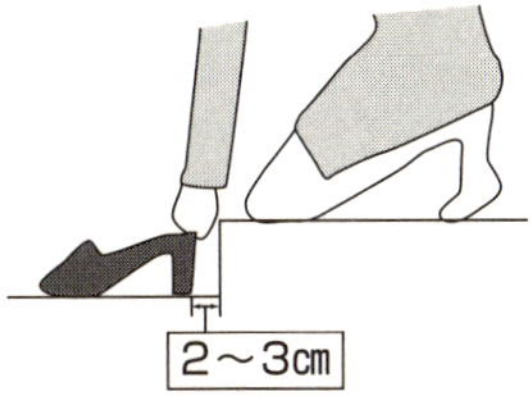

お客さまが履きやすいよう
に靴を玄関の中央に置き、
上がりかまちから２～3㎝
離しておく。

印象がよくなる「引っ越しのあいさつ」のコツ

新生活のスタートにはけじめが大事

新居に入ったら忘れずにしておきたいのが「引っ越しのあいさつ」である。
都市部であればあるほど、隣近所とのわずらわしいつき合いは歓迎されない傾向にあるが、こうしたあいさつはけじめのひとつなので、省略するとそれだけで品のない人に成り下がってしまう。

一軒家なら古くからある「向こう3軒両隣」という言葉通りに、マンションなら両隣と、自室の階上と階下、さらに管理人にも忘れないようにあいさつをしておきたい。

その際にはちょっとした品を持参するのが常識で、タオルや石鹸などの日用品に加え、自治体指定のゴミ袋などを添えるのもおすすめだ。

一方、知人の新築や引っ越しの知らせを聞いたら、あまり時間が経たないうちにお祝いを贈りたい。品物の場合は、灰皿やライター、ストーブなど火にまつわるものはタブーである。

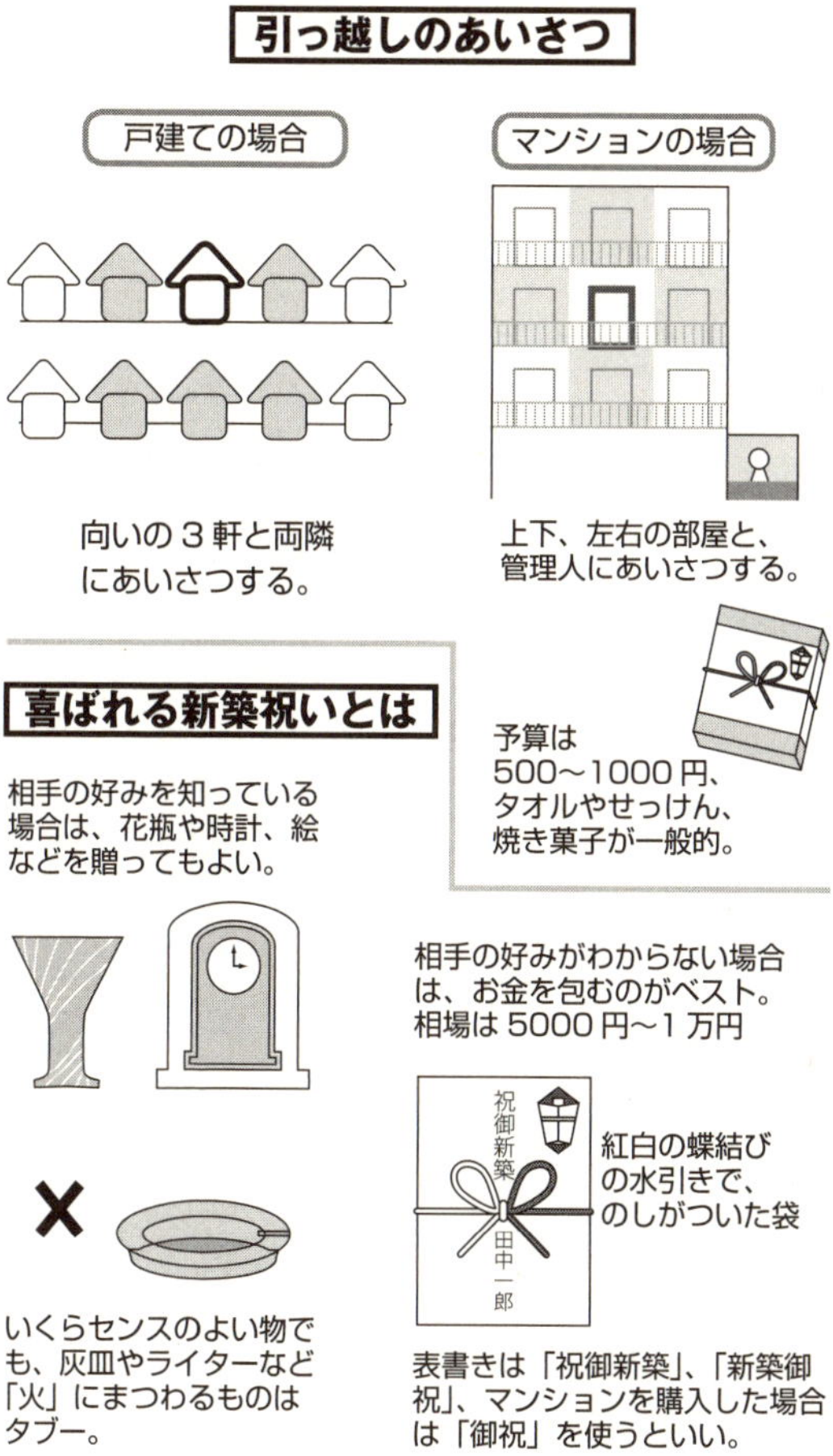
引っ越しのあいさつ
戸建ての場合
マンションの場合
向いの3軒と両隣にあいさつする。
上下、左右の部屋と、管理人にあいさつする。
予算は500～1000円、タオルやせっけん、焼き菓子が一般的。
喜ばれる新築祝いとは
相手の好みを知っている場合は、花瓶や時計、絵などを贈ってもよい。
いくらセンスのよい物でも、灰皿やライターなど「火」にまつわるものはタブー。
相手の好みがわからない場合は、お金を包むのがベスト。相場は5000円～1万円
祝御新築
田中一郎
紅白の蝶結びの水引きで、のしがついた袋
表書きは「祝御新築」、「新築御祝」、マンションを購入した場合は「御祝」を使うといい。

恥をかかない「ご近所づき合い」のマナー

地域住民のひとりとして良識ある行動を

最近の若い人に多いのが「人間関係が面倒だから」とか「我が家は転勤族だから」などといった理由でご近所づき合いを軽視することだ。

たとえ毎日顔を合わせなくても、同じ地域に暮らす人たちとはお互いにいい関係を保ちつつ、社会の一員として良識ある行動をとるようにしたいものだ。

とくにトラブルになりやすいのが、生活音やゴミ出しといったモラルに関わる問題である。こうしたマナー違反を自分がしないのはもちろんだが、仮に相手に非がある場合でもいきなり怒鳴り込むのは避けたほうが無難だ。そんな場合には管理人や自治会に相談するなどして、第三者を介して段階を踏んだほうがこじれずに解決できる。

適度な距離感を保ちつつ困ったときには助け合い、住みやすい環境づくりに協力する。これが理想的な地域住民の姿である。

ご近所づき合い6ヵ条

あいさつ

ご近所の人と顔を合わせたら、名前を知らない相手でも「おはようございます」「こんにちは」のひと言を。

地域の活動

自治会や共同住宅の活動は、住環境をよくするためのもの。できる限り参加して、地域とのつながりを深める。

生活音

早朝や深夜に大きな物音を立てないことはもちろん、マンションなら朝７時までと深夜9時以降は洗濯機や掃除機の使用も控える。

ルール

ゴミの出し方やペットの飼い方など、決められたルールをきちんと守り、他人に不快感を与えない。

苦情

いきなり訪ねて苦情を言うのはよくない。生活音やペットの苦情などは、まず管理人や自治会などに相談をする。

距離感

何かあったときに助け合えるのがご近所のおつき合い。つかず離れず、思いやりを持った関係が理想。

気持ちが伝わる「お見舞い」のしかた

病院に駆けつける前に状況を情報収集する

知人が入院したのでいち早く駆けつけ、お見舞いとして知人が好きな蘭の鉢植えを贈り、退屈しないように病室で2時間ほど話をした…。

常識がある人なら、ここにいくつのマナー違反があるか気づくだろう。ただ、もしも、あなたが似たような行動をとったことがあるなら、今すぐ認識を改めたほうがいい。

人間も30年、40年と歳を重ねれば、健康をそこねたり思わぬケガをしたりして入院することもある。

そんな知らせを聞きつけたらお見舞いに行って元気づけたいのが人情というものだが、デリケートな問題なだけに、いつも以上に配慮のあるふるまいが求められることを忘れて

お見舞いするときの心遣い

・面会時間は30分以内を目安に

・病院の面会時間を守る

・大人数で行かない

・他の入院患者に配慮する

・入院直後や手術の前日、当日、
翌日は控える

突然お見舞いに行くのはタブー

友人が入院していることを人から聞いたからといって、突然お見舞いに訪れるのはよくない。いくら仲のいい友達とはいえ、事情があって入院していることを知らせるつもりはないという場合もある。直接入院することを聞いていないのであれば、あえて見舞わないのが大人の処し方なのである。

喜ばれる災害見舞い

友人や知人、親戚が災害に遭ったら、まずテレビやインターネットなどで情報をチェックして、今すぐ必要になるものを送る。直接連絡がとれるようなら、定期的に必要なものを確認する。場合によっては、小さな子どもやお年寄りを預かることも助けになる。

お金を包むときの注意点

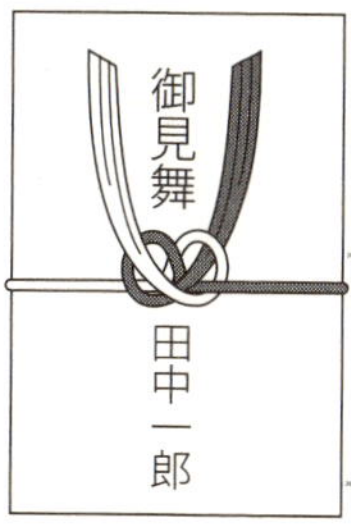

白い無地でもかまわないが、水引のついた袋の場合は白赤の「結び切り」を使う。

金額は、親戚や親しい友人は１万円、同僚などは５千円が相場。

はならない。

親しい相手であるほど、いてもたってもいられず病院に駆けつけたい気持ちになるのはわかるが、まずはいったん落ち着くべきだ。相手の状況もわからないし、ここはまず面会が可能かどうかの確認が先である。

この場合は、相手の身内に病状をうかがうなどして、そのうえでお見舞いの是非と時期を相談するといい。

この段取りを忘れるととんだ恥をかくだけでなく、何より本人の迷惑になるのでなるべく慎重に行動したい。

心配する気持ちを一方的に押しつけない

いざ、お見舞いとなった場合の注意事項はいろいろある。

職場の同僚などが入院した場合は、大勢で押しかけるのではなく2〜3名の代表者に絞り、お見舞いの時間はせいぜい30分以内にとどめたい。

お見舞いの品で一般的なものは花だが、最近は生花を禁止する病院が増えているので、ボトルフラワーなど加工したフラワーギフトにするという手もある。

喜ばれるお見舞いの品

フラワーアレンジメント

きれいな色の
タオルやパジャマ

タブーの花とは

椿　　　→花が首から落ちる
シクラメン→「死」や「苦」を連想させる
鉢植え　→「根づく」＝「寝づく」を連想させる

※その他、匂いの強い花や仏花の菊もタブー。

　また、果物も喜ばれるが、内臓系の病気の場合は食べられないこともあるので注意が必要だ。

　お見舞いはあくまで患者への励ましである。心配をしているという気持ちを一方的に押しつけたり、独りよがりな品を贈るのは、いささか幼いという印象を受ける。

　そういう意味では、明るい色の切り花にお見舞金を添えるのが無難だろう。

　病室では患者の心が休まるように静かにふるまい、また同室の患者にも配慮するのが、きちんとした大人の対応だ。

取引先の人が「入院」したときのちょっとしたマナーとは？

取引先の人が急に入院したと聞いたときは、前述のようにまずは相手がどういう状態なのかをしっかりと把握することが大切である。急いで見舞いに行ったことがかえって相手を疲れさせてしまうこともあるので慎重な判断が必要だ。

もし、お見舞いに行ってもいい容態なら、勤務先や家族、本人に確認の電話やメールをしたうえで日時を調整してもらうことだ。このときに、できれば上司を伴って出向くことが相手へのマナーである。長居は禁物だから、15分程度を目安に心がけよう。

また、すでに触れたがお見舞いの品はフラワーアレンジメントや、フルーツの盛り合わせなどが一般的だ。ただし、花は匂いのきついものやフルーツもクセのあるものは敬遠されたりする。店で購入する際に、店員に相談するといいだろう。

気持ちが伝わる「災害見舞い」とは？

自然災害や火災などで取引先が被害にあった場合には、できるだけ早めに見舞いの品を贈るようにしたい。というのも、非常事態のため、緊急に必要とされる物資が不足していることもあるからだ。

あるいは現金なども喜ばれるから、この場合は白無地の封筒に「御見舞」の表書きをして包むといい。

また、大きな災害に見舞われたときには緊急でない用件の電話やメールをしないことも大切なマナーである。

心配だからとむやみに連絡を入れてもかえって迷惑になることもある。必要最低限の連絡をとるなどして見守るといいだろう。

喜ばれる「お中元」と「お歳暮」のルール

関東と関西では時期が異なるので注意

毎年、夏場と年末にはデパートの催事会場が盛り上がりをみせるのが毎年恒例の「お中元」と「お歳暮」の売り出し時期だ。

日本独特ともいえるこの慣例は、年々その割合が減っているものの、ある世代以上の人たちの間では大きなウエイトを占めている。

職場によってはこの手の贈答を禁じているところも増えているが、個人的にお世話になっている先輩や親戚などに感謝の気持ちを表すのにはいい機会なので、必要だと思えば利用すべき慣例でもある。

そこでまず、気をつけなくてはならないのが贈る時期だ。もともと中元という言葉は中

お中元、お歳暮を贈る時期（関東の場合）

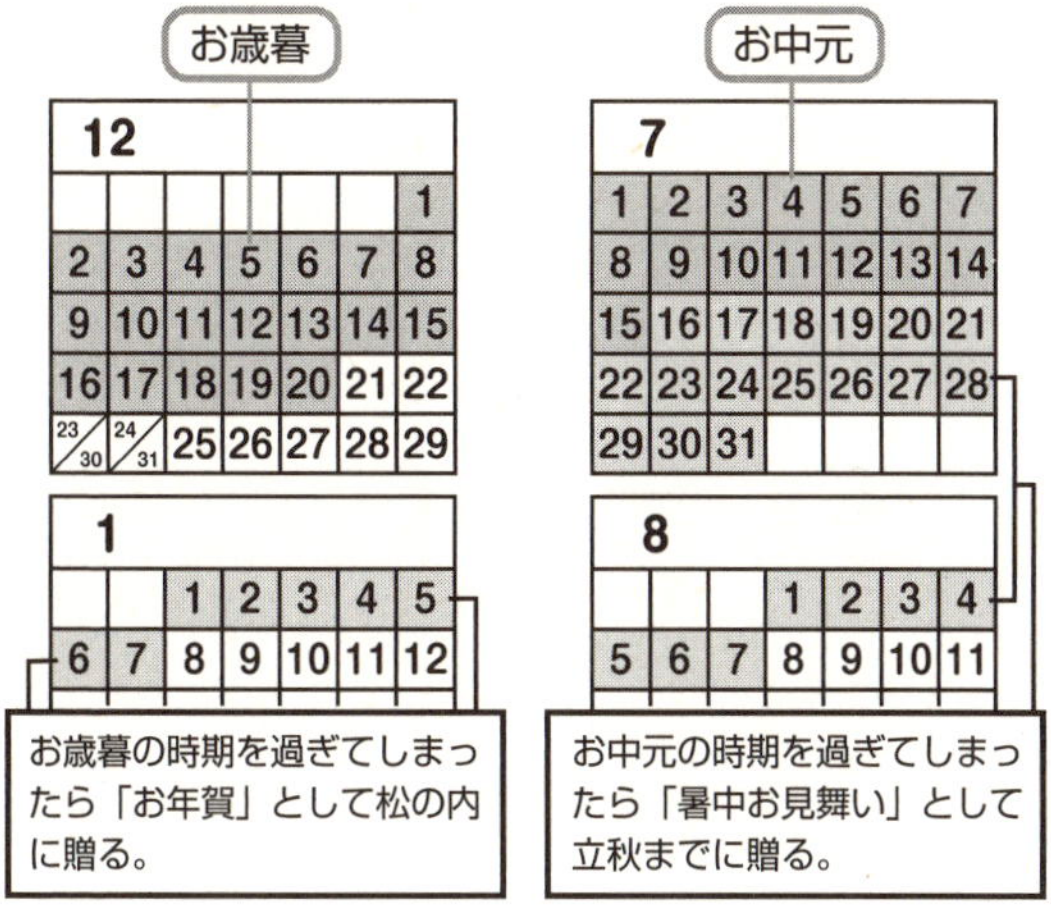

国がルーツで、上元を3月15日、中元を7月15日、下元を10月15日だとした道教の暦に由来している。

関東では7月上旬～7月15日までに品物を贈るのが通例だが、関西では7月15日～8月15日までとされている。

地域性のあるものなので、購入時に居住地のデパートの売り場スタッフなどに相談するといいだろう。

一方、お歳暮には年末という意味があり、いつからか1年の感謝を伝える意味を持つようになった。

12月に入ったら手配を進め、少なくとも20日までには先方に届くようにするといいだろう。

冒険したくないなら無難な品物を選ぶ

最近、女性の間ではバレンタインデーに「ご褒美チョコ」などといって自分に高級チョコレートを買うのが流行っている。

じつは、お中元やお歳暮にもその傾向は見られており、贈答品を相手だけでなく自宅にも手配する人が増えているそうだ。

たしかに産地直送品や珍しいお菓子などは、贈ったはいいものの果たしてどんな味なのか、先方は気に入ってくれるのか心配になることがある。

その点では調味料や酒など、面白味はなくても実用的なものを選んでおくほうが間違いがない。何を選ぶにせよ、相手の喜ぶ顔を思い浮かべて贈りたいものだ。

ちなみに、金額は送り主や相手によっても異なるが、3000~5000円が平均的な相場だ。

基本はお中元を贈る相手にはお歳暮も贈るものだが、どちらかを省きたいならお歳暮に絞るといい。その場合は1年の締めくくりとして少し値の張るものを選ぶとバランスがとれる。

お中元、お歳暮の贈り方

贈る品を選ぶ

季節感のある産地直送品や
実用的なものが一般的

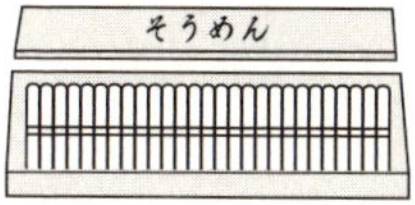

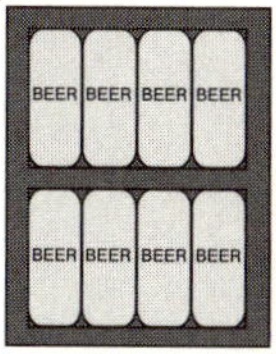

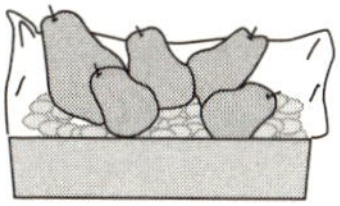

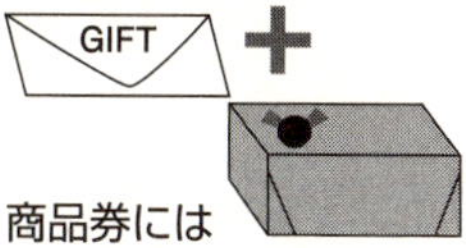

商品券には
小さなお菓子などを
添えると心配りを感じる

冷蔵品など賞味期限の短い品物を贈るときは・・・

先方に在宅の日時を問い合わせてから発送する。

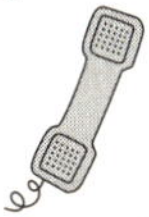

あいさつ状を送る

品物が届く数日前に着くように送る。メールや電話ですませずに、封書やハガキで心のこもった手書きのあいさつ状を送りたい。

目上の人に贈ってはいけないもの

くつ下やスリッパは、履いて踏みつけるものなので、目上の人に贈るのは失礼にあたる。

取引先から「贈り物」があったときのスマートな返し方

ビジネスの場では、贈り物のやり取りというのも大切なコミュニケーションのひとつになる。この対応を間違えると、相手に失礼になることもあるから要注意である。

では、取引先から贈り物をいただいたときにはどうしたらいいのか。まずは、勝手に開けたりせずに上司に報告して判断を仰ぐべきだ。というのも、ときとして贈答品のやり取りが禁止されている場合もあるからである。

そのあとは、上司の指示に従って電話や礼状でお礼をするのが一般的だが、このとき、お礼の連絡は後回しにせずにできるだけ早めにすることだ。

また、会社の規定で受け取れない場合には、会社の名前で断り状をつけて返送することになるが、食品をもらった場合など、賞味期限もあるので早めに返すといい。

「返礼」にはルールとマナーがあった！

上手な人づき合いをしていくうえで、覚えておきたいのが返礼のマナーである。お祝い事などがあるとご祝儀や贈り物などをいただくことがあるが、これに対しては返礼をするのが礼儀とされているからだ。

一般的に、出産祝いの場合にはもらった金額の3分の1程度、香典をもらった際にはもらった金額の半返し（半分）をする。

季節ごとのお中元やお歳暮、昇進や定年退職などで贈り物をもらった場合には返礼は不要だが、電話や礼状で、感謝の気持ちを伝えることを忘れないようにしたい。

なお、慶事でも弔事でも慌しい時期に贈り物をいただくことが多いので、忙しさに紛れてうっかり返礼をしなかったということがないようにしたいところだ。

知っているようで知らない「公共施設」の使い方

法律で定められていなくても個々の品格で秩序は保たれる

朝の通勤電車では相変わらず座席で化粧をする女性を見かける。一部には「それのどこがマナー違反なのか」と反論する声もあったが、少なくとも品のある行為とはいえないし、周囲にとって見苦しいのはたしかだろう。

あえていうまでもないことではあるが、結局、公共の場でのふるまいは個人のモラルに委ねられている。

日本人は比較的行儀がいいといわれているが、「電車で化粧をしてはいけない」と法律に明文化されない以上、通勤電車で口を半開きにして堂々とマスカラをつける女性の姿はなくならないかもしれない。

公共施設での基本的なエチケット

濡れた雨具

レインコートはタオルなどで水気を拭いてからたたんで袋に入れ、傘はよく水気を切ってたたんでおく。

携帯電話

電源を切るかマナーモードにし、通話は控える。

せきやくしゃみ

ハンカチなどで口元をおさえ、大きな音を立てないようにする。

他国の例を引き合いに出すと、たとえばシンガポールはこうしたモラルに関する法律が細かく定められていることで知られている。

ゴミのポイ捨て、電車内での飲食のほか、公共の場でつばを吐いただけでも罰金を取られるなど、とにかく厳しい。

日本はこうした細かいルールを法律で定めなくても、秩序が保たれる国であってほしいものだ。

そのためには、一人ひとりが品格を高めながら生活していくことが必要なのである。

人に迷惑をかけず思いやりの心を持つ

公共の場におけるルールとマナーは、挙げてみれば当たり前のことばかりである。大の大人であれば「何を今さら」と思うかもしれないが、自分を省みたときに意外とできていない場合もあるので、確認の意味でももう一度振り返ってみてほしい。

たとえば、図書館で大声を出さない、咳をするときはハンカチで口元を押さえることなどは「他人に迷惑をかけない行動」を心がけていれば自然にできることだが、あとから来る人のために扉を押さえておくとか、エレベーターで「開」ボタンを押すといった行為は、どちらかといえば「他人に対する気遣い」から生まれるものだろう。

そして、いまだにモラルの感じ方に個人差があるのが携帯電話の扱い方である。

電車の中で通話する人はさすがに少なくなったが、喫茶店などの店内では一概にそうともいえず、周囲もそれを指摘しにくい雰囲気がある。

こういうときこそ大人の品格が問われる。そういう点では、やはり他人と共有する公共の場ではマナーモードに設定し、できるだけ通話は控えるのが大人のたしなみだ。

公共施設での基本的なエチケット

扉の開け閉め

自分の後に出入りする人がいたら、ドアを手で押さえる。

図書館や美術館で

私語は慎む。

順路を守り、ひとつの作品の前で長時間立ち止まらない。

エレベーターで

エレベーターのボタンの近くに乗ったときは人の出入りの際に「開」ボタンを押し、乗り込んできた人には「何階ですか？」と声をかける。

公園で

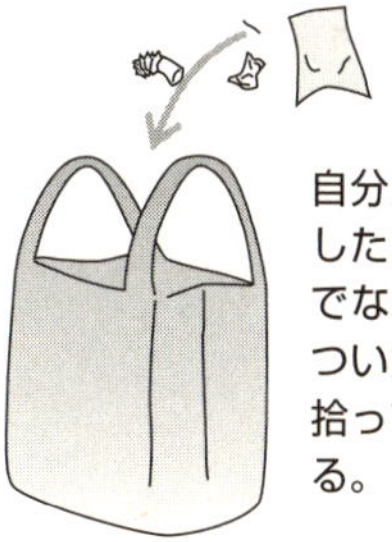

自分たちが出したゴミだけでなく、目についたゴミは拾って持ち帰る。

スマートできれいな「お金」の使い方

お金はふだんから丁寧に扱うようにする

よく「子どもの前でお金の話はしない」という話を耳にする。なるほど、お金にまつわる話は生々しいし、損得勘定ばかりが話題になるならあまりいい環境とはいえないだろう。

しかし、そうはいってもお金は現実問題としてなくてはならないものだ。その価値や必要性はもちろんのこと、扱い方やここぞという場面での使い方はどこかで学んでおいたほうがいい。

その証拠に、大人になってもお祝い金の包み方や、心づけの意味を知らなかったりして赤っ恥をかく人がいる。生きている限りは一生かかわっていくものなので、知らないままでは恥をかき続けるだけだ。

財布に入れておくお金

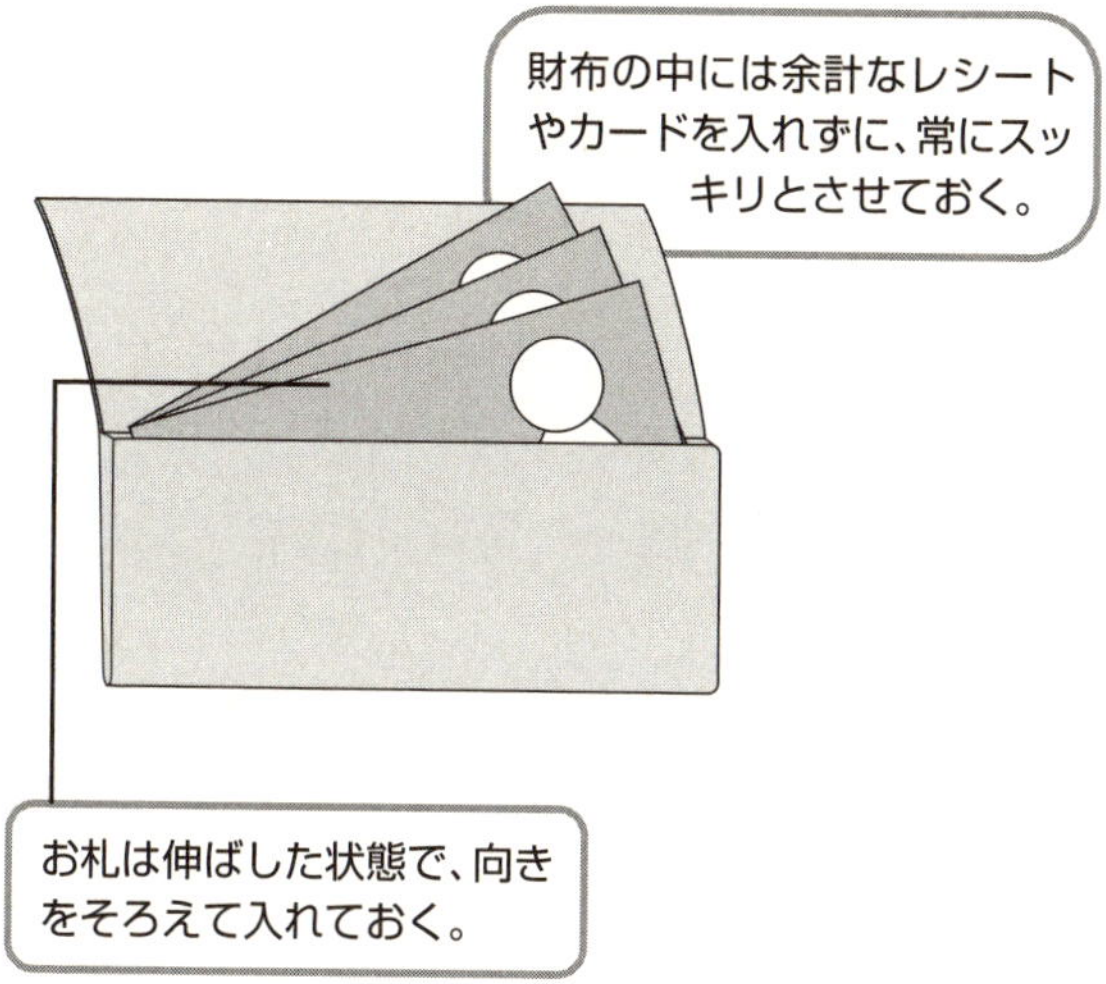
財布の中には余計なレシートやカードを入れずに、常にスッキリとさせておく。
お札は伸ばした状態で、向きをそろえて入れておく。

財布の中を見るとその人の性格がわかるというが、お金は常にすっきりとしまっておいたほうが何かと便利だ。たとえばお札の向きを揃えておくと、金銭感覚に長けている印象を受ける。

店での支払いでも、おつりは両手で受けるなど、できるだけ丁寧に扱うようにしたい。

逆に、片手でお札をひらひらとさせたりすると、それが癖になってしまい、お金の受け渡しをするときでもうっかりその癖が出てしまうことがある。これほど品のない行為はないので、くれぐれも注意すべきだろう。

慶事は新札が基本、心づけは臨機応変に

慶事のお祝い金など、あらたまった形でお金を贈るときは、必ず新札に換えてから包むのがマナーだ。結婚式に招かれた場合は、縁起を担いで2で割れる枚数にはしないのがお約束である。ただ、最近では2を「夫婦」や「ペア」と解釈するようになり、それほど気にされないケースもある。

一方、弔事の場合には、逆に新札は「用意していた」ともとれるのでタブーとされる。適度に使い込まれたお金をあえて入れるようにするといいだろう。

ところで、旅館などでは「心づけ」といってチップを渡す場合がある。海外のホテルと異なり、日本では基本的に不要としているところが多いが、小さい子どもがいるなど、あらかじめ従業員の手を煩わせることが予想される場合は、小さめのポチ袋か、それがなければティッシュにくるみ、「お世話になります」とそっと手渡すのがいい。

宿によっては一律に心づけを辞退しているところもあるので、受け取りを遠慮されたら無理に押しつけず、引いたほうがスマートだ。

お祝いなどに包むお金

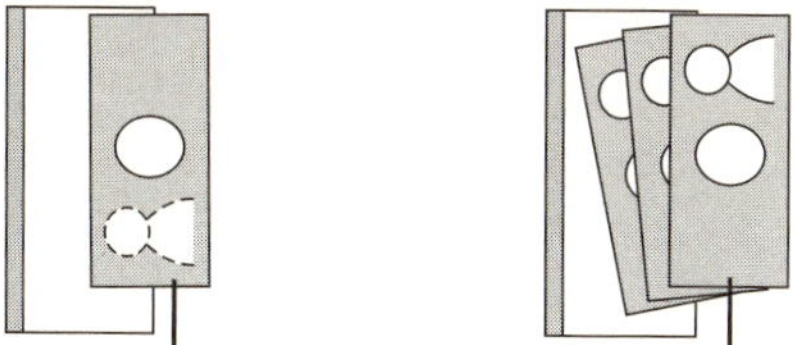

弔事の場合は、新札ではないきれいな札を用意し、開封したときに印刷された人物の顔が裏向きに袋の下部にくるように包む。

慶事に贈るお金は新札を用意する。開封したときに印刷された人物の顔が表向きで、上部にくるように包む。

お金のやり取りは両手で

あらたまったお金のやりとりだけでなく、ふだんの買い物でおつりを受け取るときなども両手を使うといい。

旅館での品のある「心づけ」の渡し方

カップルや夫婦で訪れた場合は、女性から渡すのが理想

渡すタイミングは部屋に案内されてお茶を入れてもらったときなど。目立たないように、座卓の下などからすっと渡すと格好がいい。

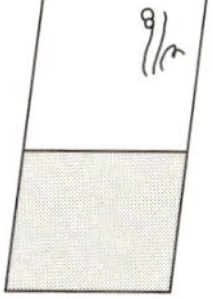

小さめのポチ袋に2人で1泊なら2000~3000円程度包んでおく。

品のいい「ゲスト」になるために

特別な空間ではふるまいにもおめかしを

誕生日や結婚記念日などにはいつもよりワンランク上の旅館やレストランを訪れたりすることもあるが、このような場所ではゲストのふるまいも空間をつくる大切な要素のひとつだ。その場の雰囲気を壊さぬよう、気持ちも少々めかしこむくらいがちょうどいい。

ところで、宿もレストランも予約をするときから作法のこなし方は始まっている。

予約を入れるときはどちらも同じだが、相手が多忙な時間は避けるようにしたい。当日、到着するのが遅れそうであれば、早めに連絡を入れておくのも礼儀だ。

旅館では浴衣で館内を歩いても構わないが、ロビーや食事処などパブリックスペースではきちんとした着こなしが求められることもある。湯上がりだから、ほろ酔いだからとい

店や宿を予約するとき

- 予約の電話は手短に。
- 記念日のお祝いで訪れることなどは伝えてもよい。
- チェックインやチェックアウト、夕食時などの忙しい時間帯を避ける。

滞在中、帰るとき

- 食事の後のテーブルや宿泊した部屋は乱雑にせず、軽く片付ける。
- だらしない格好をしない。
- 店や宿の人への「ごちそうさま」や「お世話さまでした」のひと言を忘れない。

来店時

- チェックインの前には部屋に入れないので注意したい。
- 遅れるときは早めに連絡を入れて、今いる場所と到着時間を伝える。
- 靴の汚れを落とし、清潔さを心がける。

って胸元をはだけたり、帯をきちんと締めないのは見苦しい。

ちなみに、ホテルでは浴衣が備え付けてあっても、そのまま客室を出るのはマナー違反である。

ただし、温泉がついているような観光ホテルでは例外もあるので不安ならフロントで確認をするといい。

間違っても周囲から浮いたゲストにならぬよう、節度ある行動を心がけたいものである。

「ぜいたく品」を身につけない理由とは

いわゆる〝セレブ〟の人たちを見ていると、質素で派手なぜいたく品などは身につけていないという人が多い。これはセンスの問題だけでなく、周囲から妬《ねた》まれないようにという細かい配慮も含まれてのことである。

人の目を引くようなぜいたく品を持っていれば見栄を張ることはできるが、その分、それが鼻につくようになる。奢《おご》り高ぶった嫌な人だという印象すら与えかねない。そういうマイナスな感情を周囲に抱かせないためにも、不必要なぜいたくを控えているのだ。

また、一流の人は、上質なモノを長く大切に使う傾向がある。こういうモノに対する姿勢は、他人に対する姿勢にもつながっている。彼らが成功している秘訣は、ふだんから身につけているモノの一つひとつにも表れているということだ。

第6章

常識として身につけたい
「大人のしきたり」

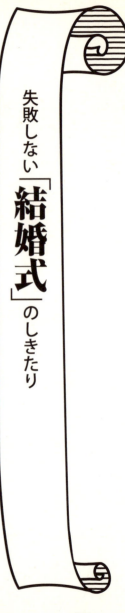

失敗しない「結婚式」のしきたり

正しいプロセスの結婚は社会的信用につながる

日本人の価値観は時代の移ろいとともに少なからず変化を遂げているが、もっとも様変わりしたもののひとつに「結婚」にまつわるしきたりがある。

とくに昨今では、入籍のみの〝地味婚〟や〝授かり婚〟なども当たり前のようになり、世間も自由な結婚観を寛容する傾向にある。

しかし、未熟な若者ならともかく、それなりの立場にある大人の結婚は、きちんとしたプロセスを踏んだほうが社会的信頼が高いのも事実だ。

まず、結婚が決まり婚約ということになれば、相談すべきは挙式の日取りである。親戚縁者の都合も考えて、たとえば6月や10月など人気のあるシーズンを希望するなら早めの会場の予約をおすすめする。

また、仲人と結納に関してはどちらか一方だけでもいいし、両方を省いてもいいだろう。

昨今の仲人は披露宴の媒酌人として存在するパターンも多いが、その場合でも依頼は丁寧にするのがマナーだ。

なお結納は地域差もあるので、両家の意向を酌みつつ、ふたりでじっくり話し合って決めるといいだろう。

結婚が決まったら

挙式日を決める

↓

結納をとり行う

↓

招待客選び、披露宴の準備をする

↓

新居に引っ越す

↓

結婚式．披露宴

引き出物

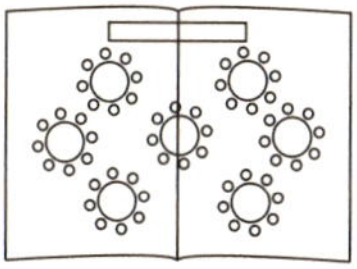

座席表

挙式当日はお車代や心づけもぬかりなく

披露宴は結婚する本人たちが主役だが、浮かれすぎてゲストに失礼のないよう準備を怠らないようにしたい。

よく披露宴を招待客らが包んでくれるお祝いで黒字にしようとする新郎新婦がいるが、その発想はいただけない。自分たちのためにわざわざ足を運んでくれることに感謝し、心づくしのもてなしをすべきだ。

席次や引き出物、料理に気を配るのはもちろん、主賓にはお車代を用意しておきたい。また遠方のゲストには、全額でなくても交通費や宿泊費を負担するのが礼儀である。

介添人や司会者、メイクを担当してくれる人などに心づけを渡す場合は、本人たちが直接手渡すよりはあらかじめ身内にお願いしておくと安心だ。

披露宴が終わったら仲人への御礼と、また自宅などにお祝いを贈ってくれた人へのお返しも忘れないようにしよう。

結婚式に招いたゲストは、結婚の後も夫婦でお世話になる人たちである。これからも末永いつき合いをお願いするには、自己満足に終わらないきめ細やかな配慮が必要なのだ。

結婚式や披露宴の招待客への気配り

仲人や主賓には「お車代」を

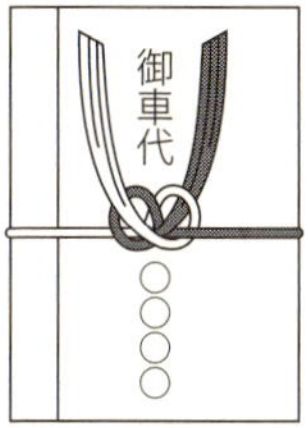

紅白結び切りののし袋に包んで、披露宴のあとのお見送りのときに渡す。金額は、近距離なら往復タクシー代の3倍、長距離なら 1.5 倍が目安。

仲人へのお礼は披露宴のあとに

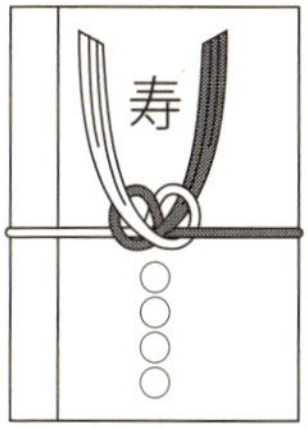

披露宴が終わったら、両家の両親と新郎新婦そろってお礼を述べ、お礼を渡す。紅白結び切りののし袋に「ご祝儀」または「寿」と表書きし、両家がそれぞれ用意する。金額の相場は 15 万～20 万円。

お祝いをいただきながら招待できなかった人にお礼を

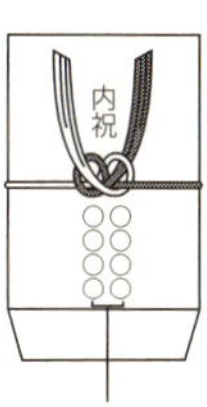

挙式後、1ヵ月以内に、お礼状を郵送してからお返しを贈る。紅白結びきりののし紙をつけ、表書きは「内祝」もしくは「結婚内祝」とする。半返しが基本。

「のし」と「水引き」に込められた思いとは？

送り先の発展を祈るのしの起源とは

私たちの身近には日本文化ならではの繊細な伝統がある。ふだん何気なく使っているものや手にしているものにも、古の人々が込めた心や願いが息づいていたりする。そのすべてを把握し、意味を理解することは困難だが、なかには大人の作法として知っておくべきものもある。

たとえば贈り物につける「のし」や「水引き」などがそのいい例ではないだろうか。

のしは、贈り物につけられる飾りのことである。

たいていは簡素化された折りのしがあしらわれたもの、あるいはのしをデザインして印刷された封筒やかけ紙のいずれかで見かけることが多い。

起源はその昔、保存食として貴重だったアワビである。火のしで伸ばしたのしアワビを四角く切り、「永遠」や「伸びる」という意味を込め、相手の発展を祈る気持ちで贈り物に添えたのがはじまりだ。

したがって、弔事の場合や、また慶事でも酒の肴になる肉や魚が贈答品の場合はつけないことになっている。

「水引き」と「のし」の意味

水引き
贈り物の神聖さを示すもの。祝儀には紅白、不祝儀には黒白、銀白、双銀、関西や北陸では黄白も使われる。
のし
「のし」は「伸ばす＝永遠」を意味し、送り先の発展を祈る気持ちが込められている。

何度あってもいい祝い事は蝶結びで

のしとともに贈り物に欠かせないものが「水引き」だ。

こちらは、飛鳥時代にやってきた隋の使者が携えていた贈答品に結ばれていた紅白の麻ひもが起源だと伝えられている。

これが宮中に定着し、やがて平安貴族たちが舟遊びに使用した布が水面を引くように流れる様子にちなみ、「水引き」と呼ばれるようになった。

水引きはその結び方に意味がある。たとえば出産や入学、年賀など、何度繰り返してもめでたい祝い事にはいわゆる蝶結び（または花結び）を用いる。

一方、結婚や快気祝いなど、一度きりがいい祝い事には「結び切り」を使う。形が珍しい「あわび結び」（あわじ結び）も結び切りの一種である。

祝い事には紅白か金、弔事には黒、白、藍を必ず選ぶ。たとえば、結婚祝いなら紅白の結び切りの水引きがついた金封を用いるというわけだ。

のしにも水引きにも、昔の人が込めた相手への願いがある。その気持ちを無にしないためにもミスなく選ぶようにしたい。

水引きの結び方とTPO

〈あわび結び〉

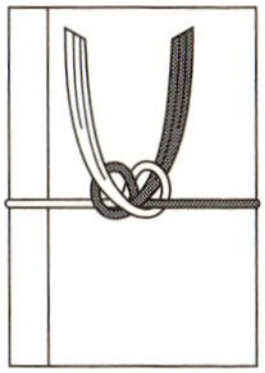

〈結び切り〉

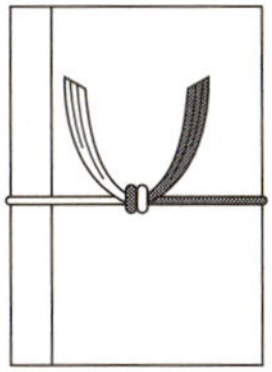

紅白　‥‥結婚祝い、
　　　　快気祝いなど
黒白　‥‥香典など

どちらも一度結ぶと結び直しができないことから「二度とあってほしくないこと」や「一度きりにしたいこと」に用いる。

〈蝶結び〉

出産祝い、開店祝い、
長寿の祝い、お歳暮など

水引きを引っ張ると何度でも結び直せることから「何度繰り返してもよい」慶事に用いる。

「のし」をつけるもの

慶事一般

※ただし、災害見舞いにはつけない

「のし」をつけないもの

弔事
魚介類や肉類などの贈答品

※のし自体がもともと酒の肴であったため、肴になる品にはのしはつけない

「披露宴」にやむを得ず遅刻や欠席するときには？

結婚式は新郎新婦にとって人生の節目となる大切なお祝いの席だ。

当然、出席するからには遅刻やドタキャンなどは絶対にしてはいけない。とはいっても、交通事情や急な病気、または身内の不幸など、やむを得ない事情もあるだろう。

万が一遅刻してしまいそうな場合は、早めに会場に連絡をするようにしたい。そして到着したら会場のスタッフに、披露宴の区切りがいいところで席へ案内してもらうようにする。ご祝儀は披露宴が終わってから受付か会計の人を探して渡そう。

また、当日急に欠席することになってしまった場合もすぐに会場に連絡を入れ、受付係もしくは新郎新婦の家族を呼び出してもらう。身内の不幸などが理由の場合は、縁起が悪いので理由をはっきり言わないのがマナーだということも覚えておこう。

「返信用はがき」は「行」を消したら左に「様」

披露宴や祝賀会などの招待を受けたときは、返信用のはがきに出欠を書いて出す。簡潔なはがき一枚だが、そこでも社会人としてのマナーが試されることになる。

まず、返信用はがきの住所面にある宛名の「行」の消し方だ。「行」を二重線で消してその後、「様」に書き換えるときは必ず左側に書くということは意外と知られていない。

また、表面の「御欠席」「御出席」「御住所」「御芳名」については、出席なら「御欠席」の文字はすべて二重線で消し、「御芳名」も「御芳」までは二重線で消す。さらに、出席でも欠席でも空欄にはメッセージをひと言書き添えるといい。

いくら期限内であっても締め切りギリギリに投函するのはいただけない。招待する側のことを考えて、投函はできるだけ早くするのが基本的なマナーである。

上品で美しい「風呂敷」と「袱紗」の包み方

日本人なら覚えておきたい風呂敷の包み方

風呂敷と聞くと、どうしてもひと昔前のアイテムというイメージがつきまとうが、最近はとくに女性の間でその利用価値が見直されている。

たとえば、ホームパーティの手土産のワインのラッピングにきれいな柄の風呂敷を使ったり、結び方を工夫して手提げとして活用したりと、使い方のバリエーションはじつに多彩だ。

もともと風呂敷は、蒸し風呂に入るときに使われた敷物がルーツだ。その帰りに着替えを包んで帰ったことから、今のような包むアイテムとして発展を遂げている。

中身のサイズや形状を選ばず、用がすんだら小さくたためるのも利点だし、小脇に風呂

風呂敷の包み方

袱紗包み

もっとも丁重な包み方。広げた風呂敷の中央に箱を置き、手前、左、右の順できっちりと包み、最後に奥の隅を巻き込む。弔事の場合は、左右の順が逆になる。

二方包み

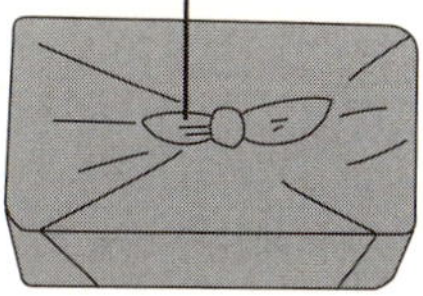

手前、奥の順に箱をくるみ、左右の隅を真結びする、もっとも一般的な結び方。

真結びの結び方

①

左手に持っている隅が手前にくるように重ねる

②
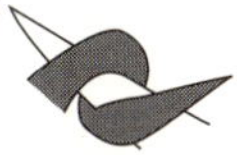
左の隅を右の隅に巻きつける

③

両隅を引っぱる

④

次は右手に持っている隅が上にくるように重ねる

⑤

左手に持っている隅を右の隅に巻きつける

⑥
両方を引っぱって完成

隠し包み

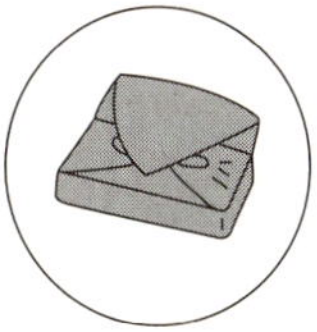

二方包みで包んだ後、奥の隅を表に出して真結びの上にかぶせた包み方。かぶせた部分にきれいな模様がくるように包む。

敷包みを抱えて歩く人の姿はなんとも粋である。

訪問時には、その包みをさっと解いて手土産を差し出す。こんなしぐさができるようになれば、相手はその美しい所作にうっとりするはずだ。

風呂敷の包み方はざっと数えただけでも10通り以上あり、なかには複雑なものもあるが、さしあたってポピュラーなものを2~3覚えておけば十分だろう。包み終わったときに風呂敷の柄をきちんと見えるようにするのがコツだ。

金封はむきだしにせず袱紗に包むのが礼儀

ところで、風呂敷と似て非なるものに袱紗《ふくさ》がある。

袱紗は慶事や弔事の金封を包むもので、もともとは貴重品のほこりよけとしてかけられていた風呂敷状の小さめの布を指す。

それが儀礼を重んじる日本文化の中で変化し、今のような形で定着していった。その目的は金封を汚さぬためで、ここに相手への思いやりが込められている。

これを知らずにポケットからむきだしで出すのは、あまりにも品位に欠ける。袱紗は社会人であれば用意しておくべき冠婚葬祭の必需品なのである。

ところで、ひと口に袱紗といってもいくつかカラーがある。本来は慶事と弔事で使い分けるのが一般的で、慶事には赤やえんじ、弔事には緑やグレーを選ぶ。ただし紫なら兼用で使えるので、これがひとつあると便利だろう。

包み方はさほど難しくないが、慶事と弔事では手順が逆になる。渡すときは目の前で折り目を返しながら袱紗をはずし、スマートに差し出そう。

袱紗の包み方

〈慶事の場合〉

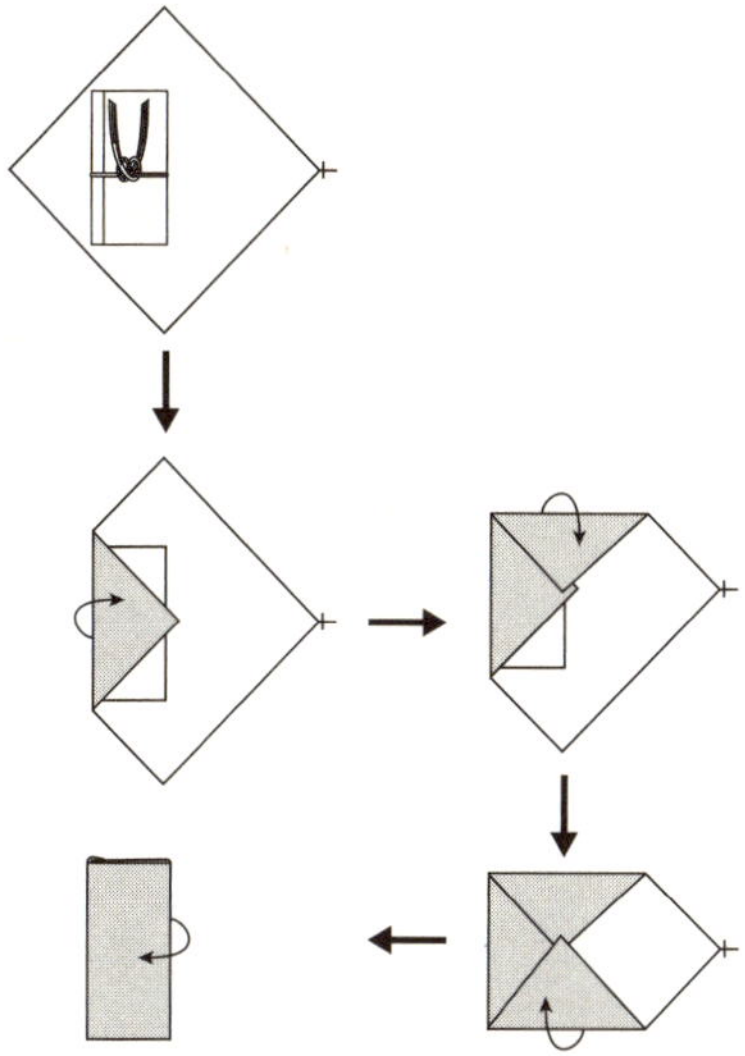

注：香典を包むなど弔事の場合は、右→下→上の順に包んでいく。

おさえておきたい「お悔やみ」のマナーとしきたり

香典は遺族に対する気持ちだと考える

訃報はいつも突然やってくるものだ。しかし、急だからといって悲しみにくれる遺族の前で無礼をはたらくのは許されない。とっさの行動で慌てることのないよう、いざというときのふるまいを頭に入れておきたい。

訃報を聞いて真っ先に駆けつけるべき間柄の場合、どのような服装を選べばいいいか。この場合、よほど派手でなければふだん着でもいい。むしろ、あまりにもきちんとした喪服は準備がよすぎる印象を与えるので失礼にあたる。

弔事は人手が足りないこともあるので、遺族と近しい関係なら手伝いを申し出てもいいだろう。

香典の額は年齢や相手との関係によっても異なるが、知人であればだいたい5000〜1万円が相場である。

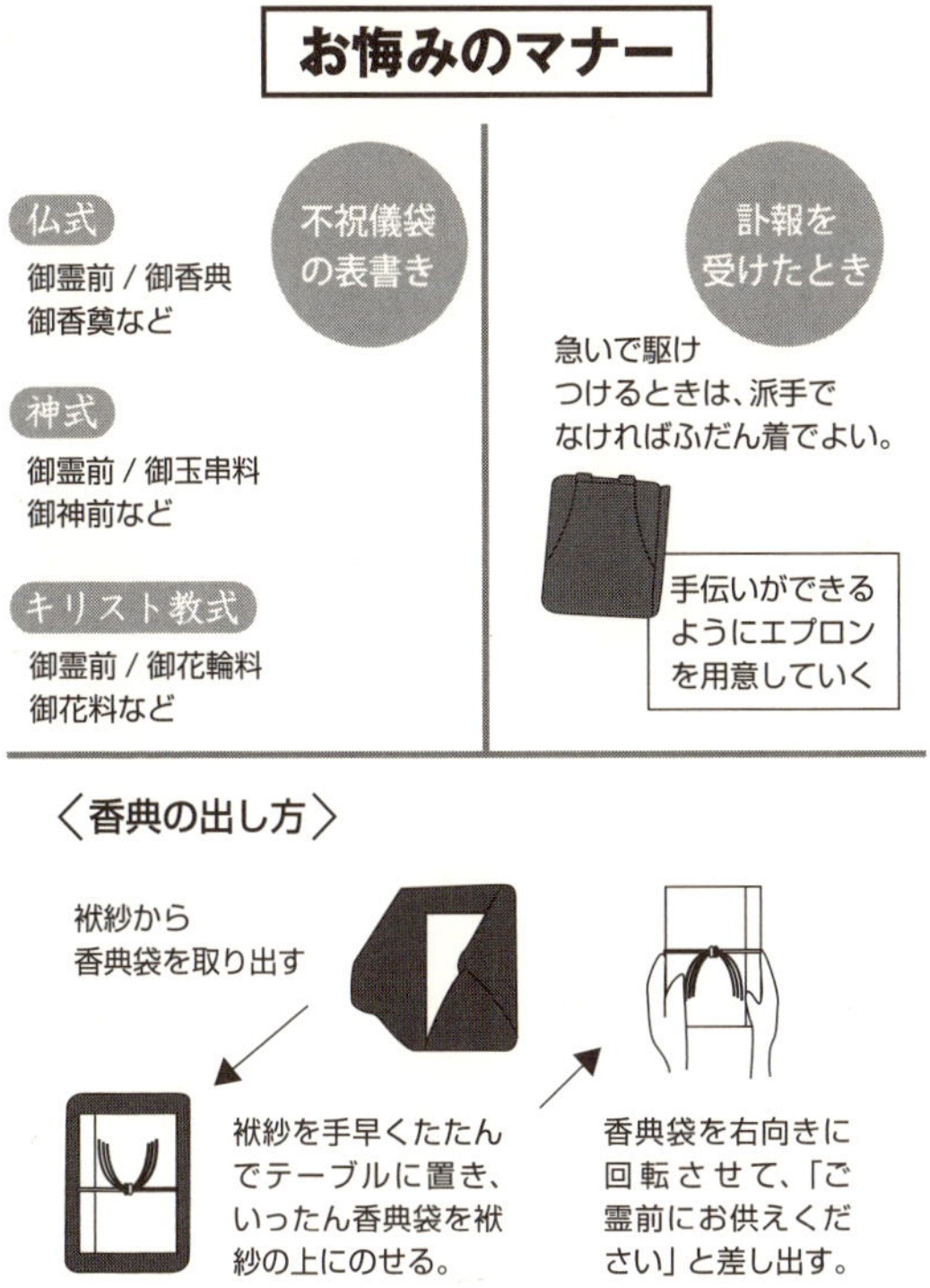
お悔みのマナー
不祝儀袋の表書き
仏式
御霊前／御香典
御香奠など
神式
御霊前／御玉串料
御神前など
キリスト教式
御霊前／御花輪料
御花料など
訃報を受けたとき
急いで駆けつけるときは、派手でなければふだん着でよい。
手伝いができるようにエプロンを用意していく
〈香典の出し方〉
袱紗から香典袋を取り出す
袱紗を手早くたたんでテーブルに置き、いったん香典袋を袱紗の上にのせる。
香典袋を右向きに回転させて、「ご霊前にお供えください」と差し出す。

表書きは宗派によって異なるので、できるだけ事前に確認をするようにしたいが、わからなければ「ご霊前」を選ぶのが無難だ。

いずれにせよ、香典は故人よりも遺族に対する気持ちである。

気持ちを込め、短めにお悔やみの言葉を述べて、悲しみに寄り添うようにしたい。

「祝儀袋」と「不祝儀袋」の選び方のキホン

水引き、封筒の色はのしの有無に気をつける

弔事で必要になるのが祝儀・不祝儀袋である。このTPOを間違えると、とんでもない無礼をはたらくことになるので、すでに触れたが、ここであらためて確認しておこう。

選ぶときの注意点は、水引きの種類、のしの有無、封筒の色である。さらに不祝儀の場合は、相手の宗派によって異なるケースがあるのであわせて確認が必要だ。

また、意外と悩むのがお見舞いだが、ケガや病気の場合は全快を祈って紅白の袋を用いる。白封筒の左側に赤い帯が入ったものが一般的だが、水引きをつける場合は一度きりという意味を込めた結び切りを選ぶ。

ちなみに、「伸ばす」の意味があるのしは、ケガや病が長引くイメージがあるのでつけ

ないほうがいいだろう。
　また、火事や地震など災害のお見舞いは必ず白い封筒のみを使うようにしたい。水引きも、のしもつけず、質素に見えてもそのまま渡すといいだろう。

不祝儀袋

仏式や神式のお葬式や法要

- 水引き＝結び切り、黒白か双銀
- のし＝なし

キリスト教のお葬式

- 水引き＝なし
- のし＝なし
- 十字架やゆりの花が描かれた封筒か、白封筒を使う。

祝儀袋

結婚祝い、長寿の祝い

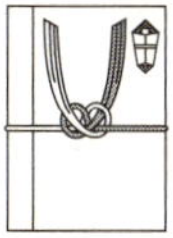

- 水引き＝あわび結び、金銀
- のし＝あり

婚礼以外の慶事

- 水引き＝蝶結び、紅白
- のし＝あり

お見舞い

ケガや病気のお見舞いの場合は、袋の左側に赤い線が入ったものでもよい。(P221 参照)

災害見舞いは白封筒に限られている。

人生のさまざまな「お祝い」を知る

豪華な品物を贈るより大勢で感謝の意を

世界でもトップクラスの平均寿命を誇る日本は、いわずと知れた長寿大国である。２０１４年のデータでは１００歳以上の高齢者は全国で５万８８２０人を数え、44年連続で過去最高を記録した。

この数字を鑑みればまだまだ若いかもしれないが、世間では60歳を還暦とし、赤いちゃんちゃんこを贈って祝うのが慣例になっている。

こうした長寿祝いは「賀寿《がじゅ》」とも呼ばれ、もともとは中国に伝わる慣わしである。

還暦の次は数えの70の古稀、そして喜寿、傘寿、米寿、卒寿、白寿と続き、数えの１００歳は百寿となる。

祖父母や親戚など、身近な人でこうした長寿の節目に当たる人がいたら、敬意を持ってお祝いしたい。ただ、その際はとくに決まった形式はなく、一般的には誕生日かそれ以後の吉日などに行う。贈り物を豪華にするより、できるだけ多くの身内が集まるほうが主役にとっては何よりの喜びかもしれない。

長寿祝い

	由　来	贈り物の色
還暦《かんれき》（満60歳）	生まれた干支に戻ることから	赤色
古稀《こき》（数え70歳）	杜甫の「人生七十古来稀なり」から	紫色
喜寿《きじゅ》（数え77歳）	「喜」の草書体「㐂」が77と読めるから	紫色
傘寿《さんじゅ》（数え80歳）	「傘」の略字「仐」が80と読めるから	紫色
米寿《べいじゅ》（数え88歳）	「米」の字が「八」「十」「八」に分けられるから	金茶色
卒寿《そつじゅ》（数え90歳）	「卒」の異体字「卆」が90と読めるから	紫色
白寿《はくじゅ》（数え99歳）	「百」の字から「一」をとると「白」になるから	白色
百寿《ひゃくじゅ》（数え100歳）	百歳を祝うことから	白色

神社・仏閣の「参拝」のしかた

合掌したら願い事ではなく誓いを立てる

パワースポットブームの影響か、あちこちの神社仏閣では若い人の参拝客が目立つようになってきた。

歴史ある古刹も地域に根ざした社寺も、日本人の暮らしを見守ってくれる心の拠り所だ。手を合わせるのは感心なことだが、皆が正しい参拝方法を知っているかというと案外そうでもない。当たり前のことだが、神社と寺ではお参りのしかたが異なる。

神社ではまず手水で手と口を清め、それから神殿へ進む。参拝は二拝二拍手一拝が一般的で、手を合わせたら願いごとをするのではなく、誓いを立てるのが本来の作法である。

一方の寺の場合、ろうそくと線香があれば最初に上げ、やはり一礼してこちらは拍手をせずに合掌する。

　いずれも社寺によって参拝方法が異なることもあるので、その場合は案内に従おう。

　初詣や厄払いだけでなく、折にふれて神仏に祈ることは、古来から日本人が行ってきた暮らしの一部だ。正しい作法で心穏やかにお参りしたいものである。

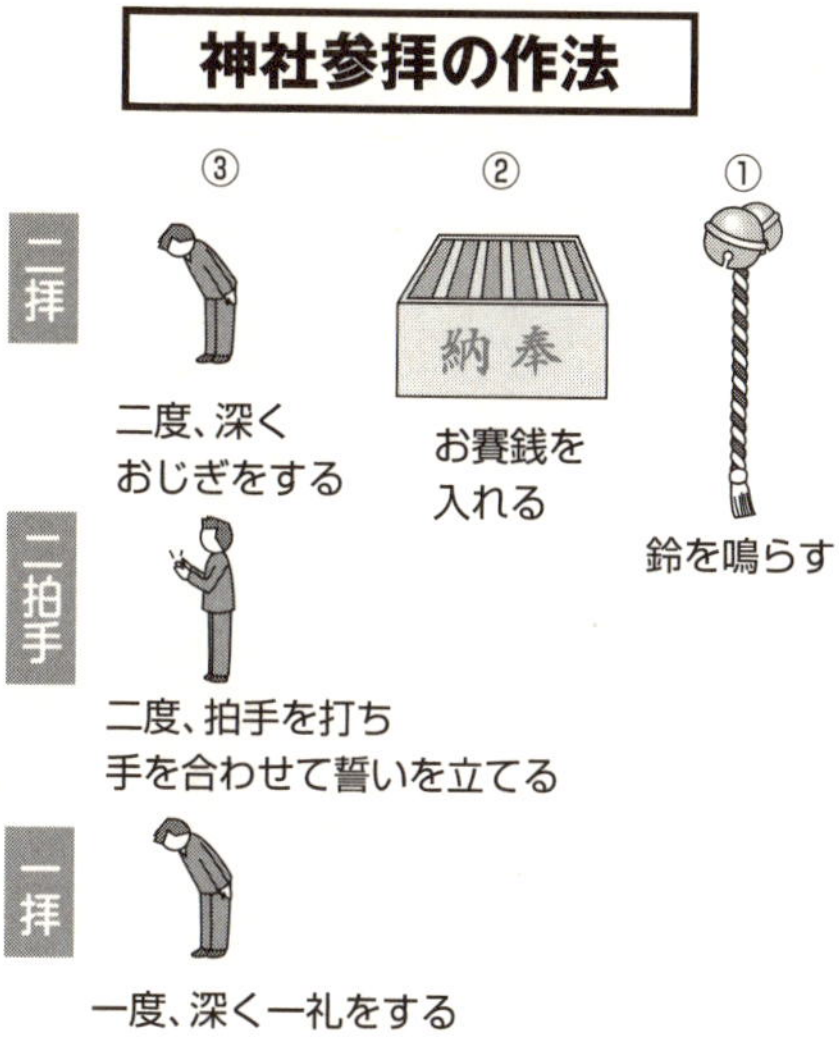

「栄転」は盛大に「昇進」はさり気なく

職場でもお祝い事はある。代表的なものが、栄転と昇進だ。

同僚や上司などが栄転する場合は送別会を開くが、それが難しければ、職場全体で餞別を渡してもいいだろう。ただし、目上の人に現金を渡すのは失礼なので、個人的な感謝の気持ちは世話になったあいさつやデスクの片付けを手伝うなどして表したい。

昇進は同じ部内で明暗が分かれる人が出てくるので、表立ってお祝いはしないほうがいい。直属の上司やお世話になっている相手が昇進した場合は、「おめでとうございます」と直接、言葉で伝える程度でいいだろう

ご祝儀や特別なセレモニーがなくても、本人に直接お祝いの気持ちを伝えることが何より大切なことなのである。

取引先の「慶事」には会社として対応する

取引先の慶事に対しては、基本的に個人ではなく会社として対応するのが筋だ。

たとえば、社屋の落成式や創立記念パーティーなど、セレモニーが催される場合には会社の代表としてご祝儀を持参する。中身は、現金か商品券、ギフト券がいいだろう。また、セレモニーの開催日に合わせて、花や観葉植物などを手配して贈っておいてもいい。

取引先で直接仕事をしている相手が栄転や昇進した場合は、そのつながりの強さによっては部署や会社として当人宛てにお祝いを贈ることもある。

相手が取引先である以上は、「会社対会社」の関係にあるので、あまり個人的な対応はしないのが基本だ。どうしても個人的にお祝いをしたい場合は、あとで食事に誘うというような形をとったほうがいいかもしれない。

「訃報」の正しい扱い方を知っていますか

人生には慶事もあれば弔事もある。ときには会社で訃報に接することもあるだろう。

社内の訃報に対しては、人事や総務に窓口が置かれることが多い。個人的に関わりが深い相手の場合は自宅に駆けつけてもいいが、会社によって弔事の対応が違うので、先走って動かずに上司や先輩の判断を待ったほうが無難だ。

一方、取引先の訃報を受け取った場合は、まず会社としての対応がとられる。知らせを直接受け取った場合も大げさに驚いたり慌てないように心がけたい。通夜や葬儀の参列については、上司と相談して決めるといい。

いずれの場合も、死因を遺族に尋ねたり、葬儀に関する問い合わせを直接遺族にするのはマナー違反だ。遺族の悲しみを考えて、節度ある行動を心掛けたい。

大人なら知っておきたい「忌み言葉」とは？

慶事や弔事などの冠婚葬祭の際には、不幸を連想させるような使ってはいけない「忌み言葉」がある。これを知らないで、お祝いを述べたりスピーチをしたりすると、礼儀知らずだと思われて赤っ恥をかくこともある。

たとえば、結婚式では〝別れ〟を暗示する言葉は禁物だ。その証拠に披露宴が終わるのは「お開きにする」、ケーキを切るのもあえて「入刀」と言い換えているのである。

一方の葬儀では、不幸が重なることを暗示させる言葉はＮＧだ。「重ね重ね」とか「続けて」と言った繰り返しを連想する言葉や、「死ぬ」などの直接的な言葉も遺族への配慮として避けなければならない。知らなかったではすまされないこともあるから、冠婚葬祭の前にはしっかりと忌み言葉を予習しておくことが必要だ。

「立食パーティ」に招待客以外が参加するのはNG

立食パーティーなどに招かれた場合、何も考えずに同伴者を連れて行ってしまうことはないだろうか。これは重大なマナー違反だ。

席が用意されていない立食スタイルといえども招く側もさまざまな意図があって招待客を決めているはずなのだ。

だからといって「○○を同伴してもいいでしょうか？」と聞くこともお勧めできない。そう聞かれれば断りづらいはずで、その質問をすること自体がマナー違反なのだ。

また、代理の出席者を立てる場合は、自分と同格の人間でなければならない。

パーティーに招かれるのにもマナーがある。招待をしてくれる人を困惑させるような行動は慎まなければならないのである。

第7章

好感度がアップする
「ワンランク上の習慣」

気になった「疑問」をそのままにしない

一目おかれる人はスルーしない

形だけのマナーをおさえていても、周囲から一目おかれる存在にはなれない。本章では、マナーの延長線上にあって、一流のビジネスパーソンが実践している「ワンランク上の習慣」を紹介していこう——。

雑談力があって周囲を楽しませるのが得意な人は、疑問に感じた情報やキーワードはすぐに調べている。わからないことをわからないままスルーしてしまうと、自分の成長を止めてしまうからだ。また、自分が知っている既存の情報と新しい情報が結びついたときに、独自のアイデアを生み出すきっかけにもなる。

さらに、こうしたネタのストックが人間関係を円滑にするのは言うまでもない。

疑問に思ったことはきちんと追究する

・すぐに調べる

・疑問として持ち続ける
（思考トレーニング）

＋

別の情報

＝

新しいアイデア

「自分の行動」を反省する時間を持ち続ける

「振り返りノート」が自分を成長させる

仕事でも何でも、やりっぱなしでは成長は見込めない。自分がやったことを振り返り、また反省することによって次に生かせるのだ。そのためには、専用の「振り返りノート」をつくるといい。そこに自分の行動を記録し、終わったら反省点を書き込んでいくのだ。これを行うだけで仕事に対する思考を深めることができて、しかも人間関係を見つめ直すきっかけにもなる。どんな失敗であっても、記録すればすべて自分の糧となるのである。

何も振り返ることなくやりっぱなしにするのは、ただひたすら仕事を〝片づけている〟だけになって自分をすり減らすことになる。反省する時間を持つことで、どんなハードワークにも耐えられる真の仕事人になるのである。

自分の行動を振り返り、次に生かす

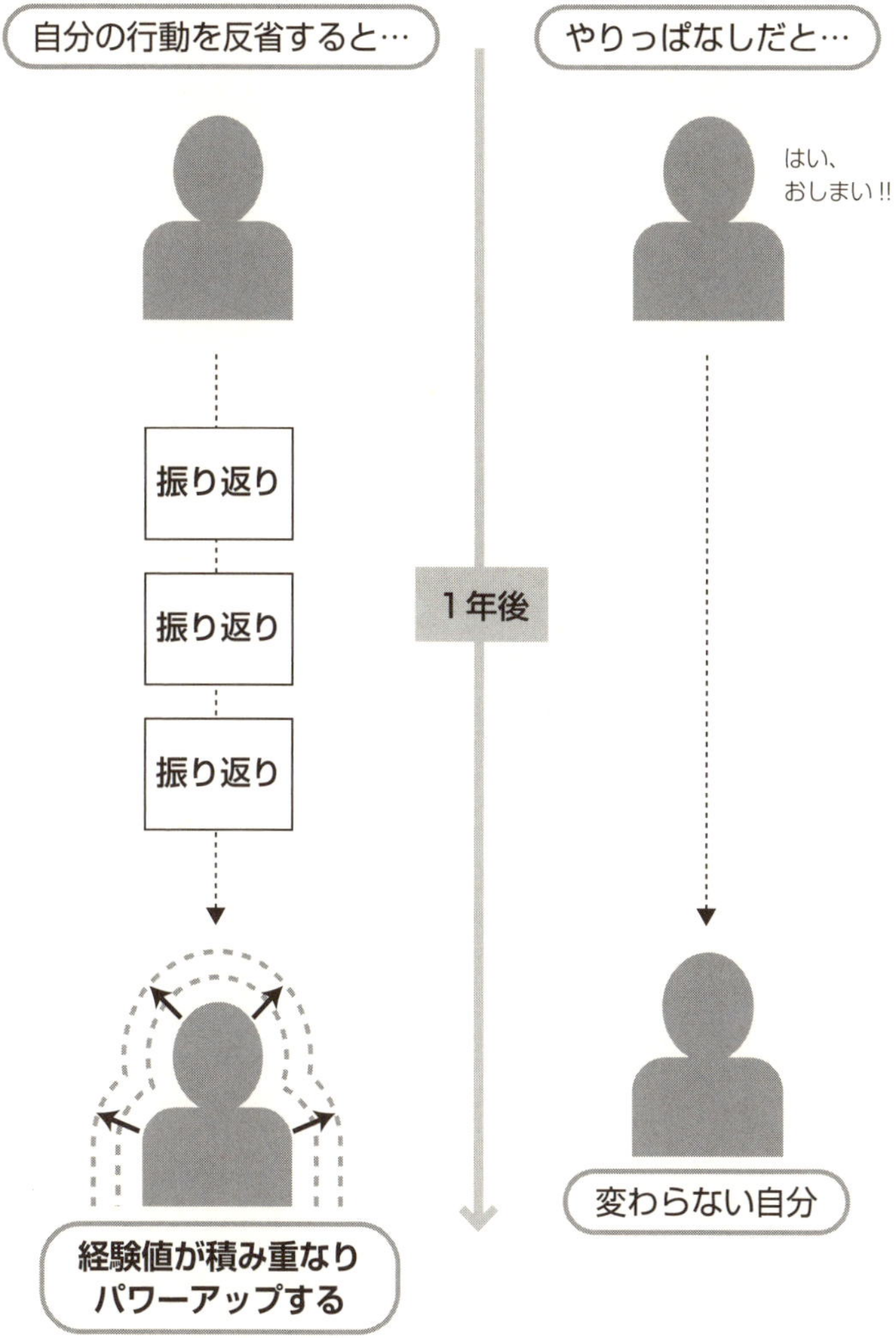

「自分の足」で情報を得る

雑誌やインターネットからどんな情報でも得られるとなると、わざわざ現場を見なくても知ったような気分になるものだ。だが、そんな便利な時代だからこそ、「これは⁉」とピンときた事柄については実際に足を運んで確認したい。

なぜなら、文字や写真、動画などからは情報は得られても匂いや空気感、その場のライブ感は実感できない。その場に足を運んで初めて気づくことというのはとても大きな情報なのだ。

いつもはフェイスブックやメールだけでコミュニケーションをとっている人と直接会って話をするだけでも自分の世界はぐっと広くなり、深まる。

そして、ますます感性は磨かれていくのである。

自分だけの「メンタル調整法」をもつ

ビジネスパーソンの中には社内にいながらにして忙殺されている人もいる。だが、そんな慌ただしい毎日を続けているうちに、精神的に追い込まれてしまうこともある。うまくいっているときはいいが、ちょっと歯車が狂い始めるとストレスを一身に受けてしまい、やがては心身ともに病に倒れてしまうこともめずらしくないのだ。

だが、そんな窮地を乗り越えられる人もいる。彼らに共通しているのは自分なりのメンタルの整え方をもっているということだ。心が折れそうになったら、憧れている人物のことを考えたり、座右の銘を思い出す。そんな「これがあれば自分は大丈夫」という調整法をもつことで困難を乗り越えることができるし、周囲から頼られる存在にもなれる。

人を頼って「自由時間」をつくる

環境にもよるが、やはりオフィスに長時間こもって仕事をするのは、精神的にも思考力的にもいいものではない。外に出てさまざまな刺激を受けることで、仕事力はますますアップしていくし、人間関係もよりスムーズになるものだ。

そんな時間をより多く持つためには、何でもかんでも自分で抱え込んでしまわないことだ。部下にできる仕事は任せ、必ずしもしなくてもいいことはパスする。自由な時間が仕事に欠かせないことを一流の人は知っているのである。

几帳面な完璧主義者は人に任せるのをためらいがちになるものだが、誰かに任せてみると忙殺されるデメリットに気づくはずだ。

一段落したら、しっかり「休息」をとる

ワーク・ライフ・バランスは「プライベートと仕事の調和」を意味し、働き過ぎで病気になったり、家庭が崩壊するのを防止するために先進各国が行っている取り組みである。だが、これをあまりにも意識しすぎるのは、かえってストレスを招くことにもなりかねない。

なぜなら、プライベートを犠牲にしない程度に仕事をして、仕事の負担にならないように遊ぶ毎日を送っていると、どちらも中途半端で不完全燃焼になってしまうからだ。

しかし、バランスは大事である。そこで、ワーク・ライフ・バランスを常に保とうとするのではなく中長期で考えてみることだ。たとえば、大きな仕事を任されたときには仕事に時間や精力をかけて、手が離れればしっかりと休息をとるのである。

まずは「仮説」を立てて情報を集める

見立てを持つのができる大人の鉄則

未知なるものを探究する研究者たちは、なんの準備もなく手探りで研究に入っていくわけではない。過去の資料や現実に起きているさまざまな事象から、「こういう結果になるのではないか」という仮説を立て、それが立証されるかどうかに取り組んでいるのだ。

これは、ビジネスパーソンの情報収集にも応用できる。新しい企画を考えるときなどには、まず「仮説」を立てることから始めるのだ。

自分の知識と経験を総動員して、たとえば「業界の未来はこうなる」とか、「日本の産業はこう変わる」などといった仮説を立て、それを証明する情報を集めていくのである。そうすれば、まわりを安心させるリーダーになれる。

自分の仮説をもとに情報を集める

10年後の住宅事情について

・今の大学生が家を買う世代になる
・団塊世代が70代半ば
・核家族化で空家が増えている

〈仮説〉
中古住宅市場が
活性化するかも…？

〈調べる〉
・まずは仮説を証明する
　データや情報を収集する

「ホウ・レン・ソウ」は念押し型で短縮する

さまざまな人と共同で仕事をこなしていく組織では、報告・連絡・相談の「ホウ・レン・ソウ」が欠かせないが、毎日行うのは面倒だからと溜めておいたがために、スピーディーな決断ができずに仕事を取り逃がしてしまうこともある。

このホウ・レン・ソウに時間をとられたくないのなら、できるだけ「念押し型」で伝えることだ。

「A社からGOのサインをもらいましたが、従来通りに進めてもいいでしょうか」と、上司がイエスかノーで答えられるように質問をするのだ。

これを「A社からGOサインをもらいましたが、どうしましょうか」などとおうかがいを立てていると時間ばかりがかかってしまうのだ。

「成功体験」を積み重ねることで自分を元気づける

成功体験を積み重ねてきた人といってわかりやすいのは、海外で活躍するスポーツ選手ではないだろうか。小さい頃から練習に励み、ひとついいプレーができるようになると、もっと難しいワザにチャレンジしたくなる。

この小さな成功体験は、次に進むための原動力になる。

「うれしい！」「やった！」という幸せ感や昂揚感を味わいたくて、またがんばろうと思えるからだ。

「これくらいで喜んでいる場合ではない」とか「喜ぶのは最後までやり遂げてからだ」などとストイックに考えることはない。小さな成功を手放しで喜んで、より大きな成功に近づいていけばいいのである。

目標を変えて自分を「ポジティブ」にする

自分をうまく誘導するコツ

ふつうに生活しているとチャレンジングな出来事など滅多にないものだ。ましてや、小さな成功を積み重ねるのは難しいと思う人もいるだろう。

だが、自ら目標を設定すれば何でも成功体験につながっていくものだ。たとえば朝、いつもより30分早く起きて一番に会社に出勤するとか、いつもは1時間近くかかっているルーティンワークを30分で終わらせるなどの目標を設定するだけでいい。

ポイントは、ちょっと難しいかなと思うくらいのレベルで設定することだ。成功確率が50パーセントくらいだったとしたら、達成したときのうれしさが倍増するし、失敗しても「次こそは」と闘志を燃やせるだろう。こうして、徐々に自分をポジティブにしていくのである。

「もしかするとできないかもしれない」目標を立てる

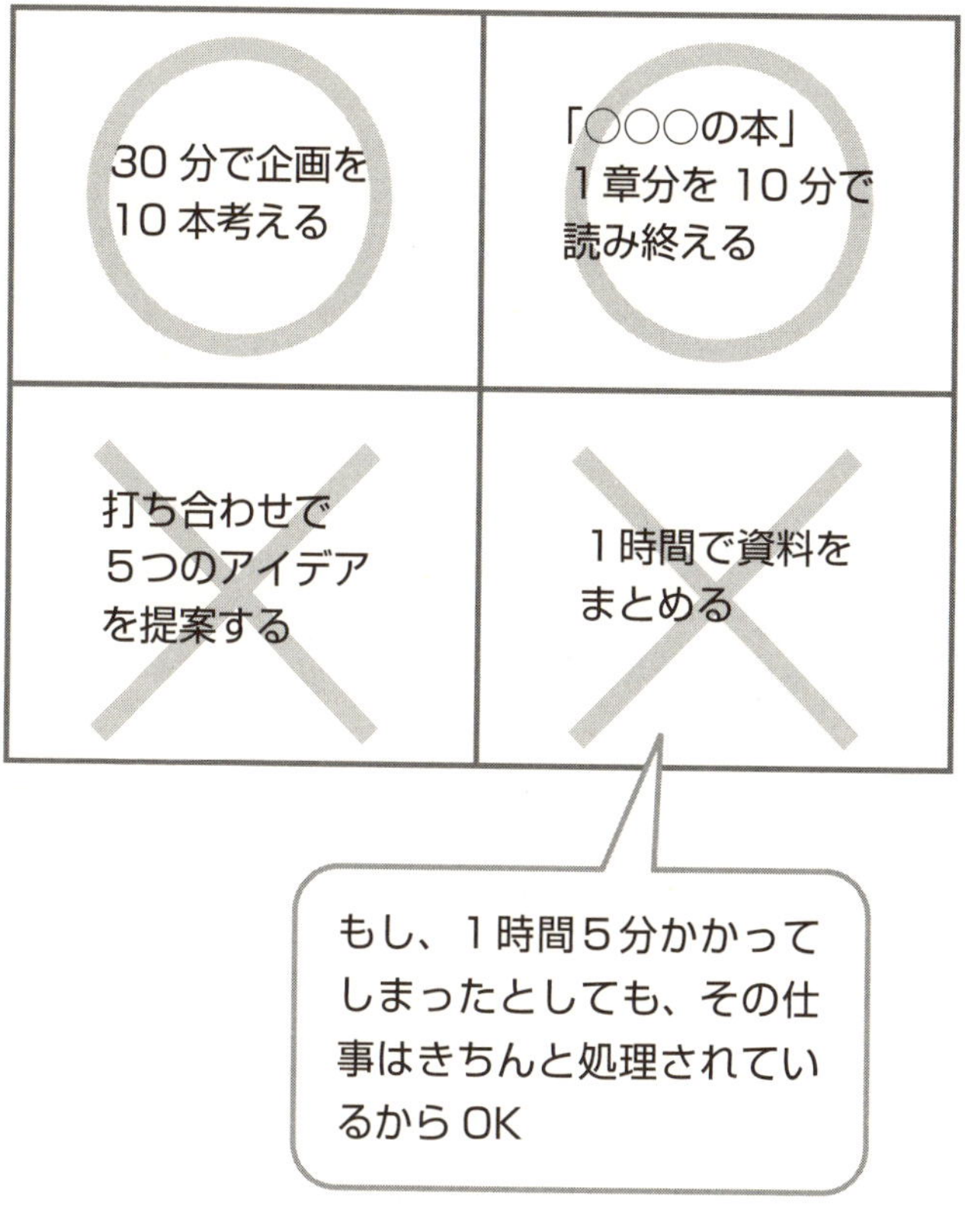
30 分で企画を
10 本考える
「○○○の本」
１章分を 10 分で
読み終える
打ち合わせで
５つのアイデア
を提案する
１時間で資料を
まとめる
もし、１時間５分かかって
しまったとしても、その仕
事はきちんと処理されてい
るから OK

「ネガティブな指摘」にもむきあう

自己分析は大事な一歩

失敗を指摘されたり、自分の意見にダメ出しされると、ついカッとなって「そんなことはない！」と反論してしまうことがあるが、結局、損をするのは自分である。売り言葉に買い言葉では、コミュニケーション能力がないと判断されてしまうからだ。

人から否定的なことを言われたら、それをストレートに受け止めないことだ。たとえば、斜め後ろにもうひとりの自分がいて、そこに言葉が投げかけられたとイメージしてみてはどうだろう。

否定されるということは、自分と異なるもうひとつの視点の存在に気づけるチャンスでもある。それが見つかれば、また一歩前に前進できるようになるのだ。

ネガティブな指摘は冷静に分析する

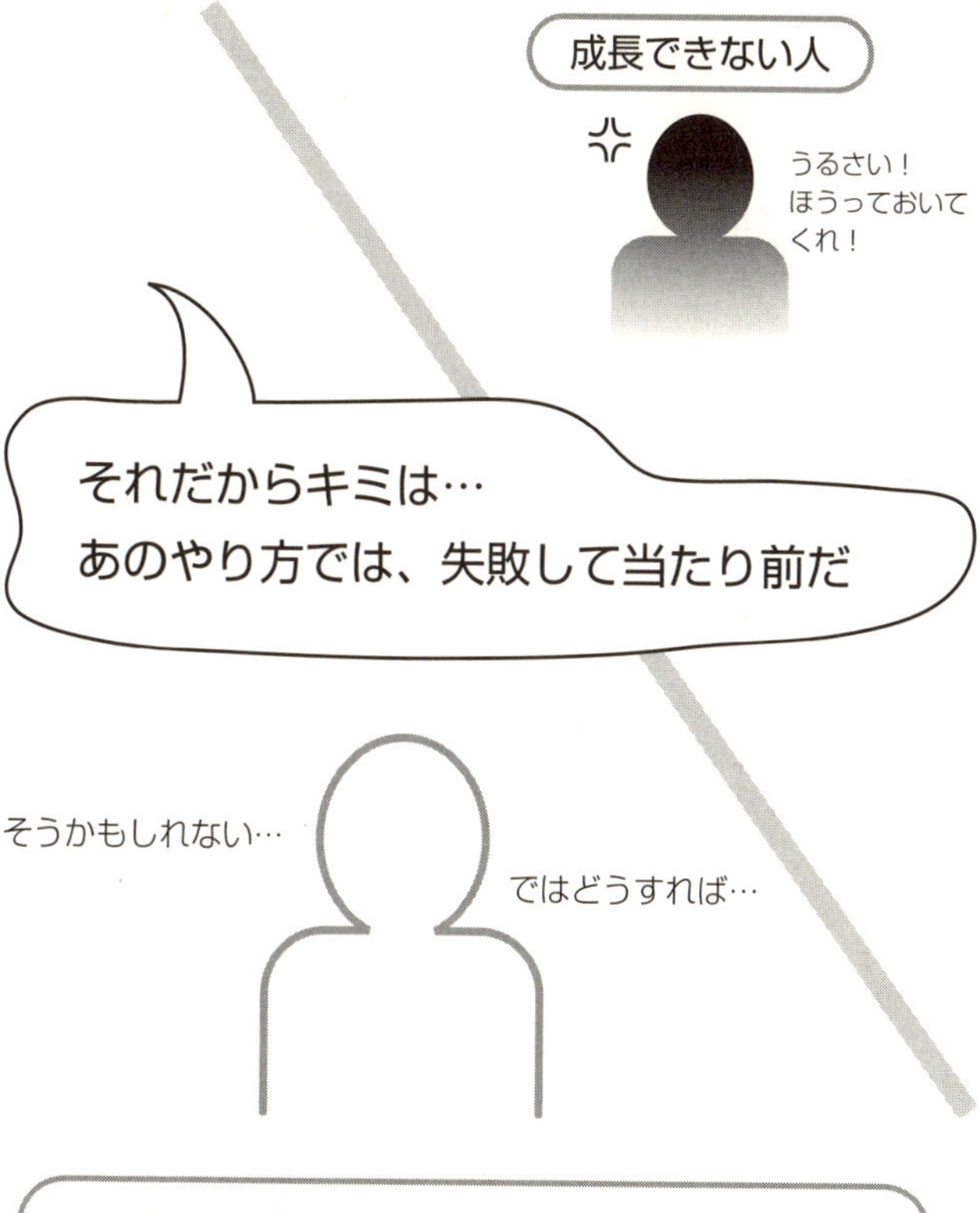
成長できない人
うるさい！
ほうっておいて
くれ！
それだからキミは…
あのやり方では、失敗して当たり前だ
そうかもしれない…
ではどうすれば…

自分を否定されたときに平常心を保てる強い心と、批判を分析する冷静な思考力を持つ

情報は夜よりも「朝」のほうが吸収できる

エネルギーがみなぎる方法とは？

朝早く起きて勉強したり、仕事の準備をする時間にあてる。そんなブームにもなった〝朝活〟も一部の人の間ではすっかり習慣化している。忙しい人ほど朝の時間を活用するのは、朝は脳が1日でもっとも冴えているのを知っているからだ。

脳は、その日にインプットした情報を睡眠中に整理するといわれている。だから頭を使った作業をするなら、〝情報のカオス〟と化している夜の脳よりすっきりとしている朝のほうが断然効率がいいのだ。

そのプラスのエネルギーで周囲の人に接するようにしたい。

「朝の脳」と「夜の脳」の違い

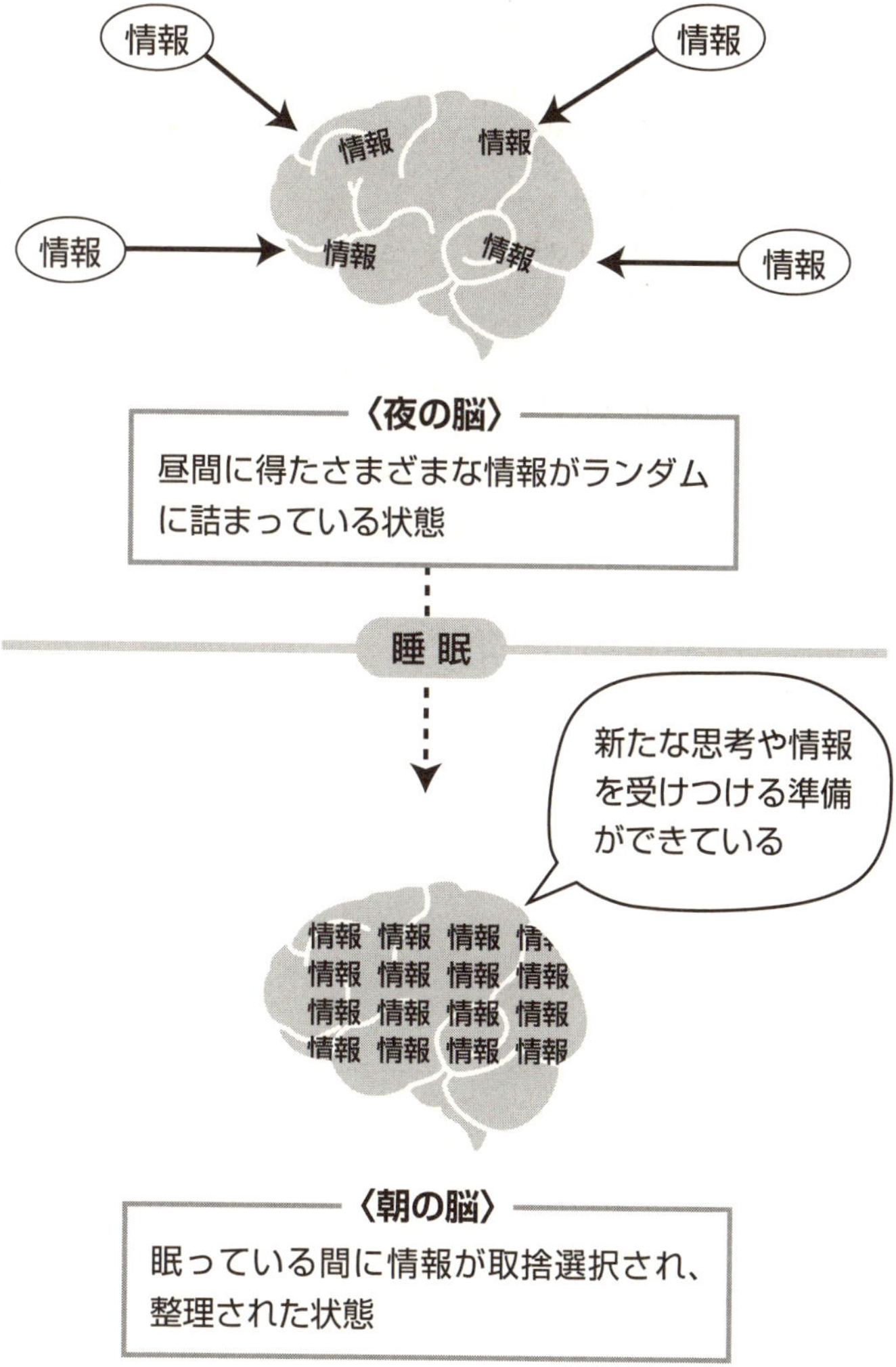
情報
情報
情報
情報
情報
情報
情報
情報
〈夜の脳〉
昼間に得たさまざまな情報がランダムに詰まっている状態
睡眠
新たな思考や情報を受けつける準備ができている
情報 情報 情報
情報 情報 情報 情報
情報 情報 情報 情報
情報 情報 情報 情報
〈朝の脳〉
眠っている間に情報が取捨選択され、整理された状態

どんな仕事でも「営業マインド」をもつ

好感度の高い人の目のつけどころとは？

ビジネスで客といい関係を築くことは、今も昔も変わらぬ目標のひとつである。いわゆる、顧客満足度を高めるということだが、そのために必要なのが組織に関わる人全員が「営業マインド」を持つことである。

営業職は企業の最前線だ。顧客やスポンサーなど外部といつも接触していて、自分の会社がどういう立場にあって、何が必要とされているのかなどを常に肌で感じている。ところが、これが内勤となるとこうした空気に触れることが少ないため、どうしても机上のアイデアで仕事を片付けようとする。

誰と仕事をしているのかを意識し続けることが成功への第一歩なのである。

すべての仕事に役立つ「営業マインド」

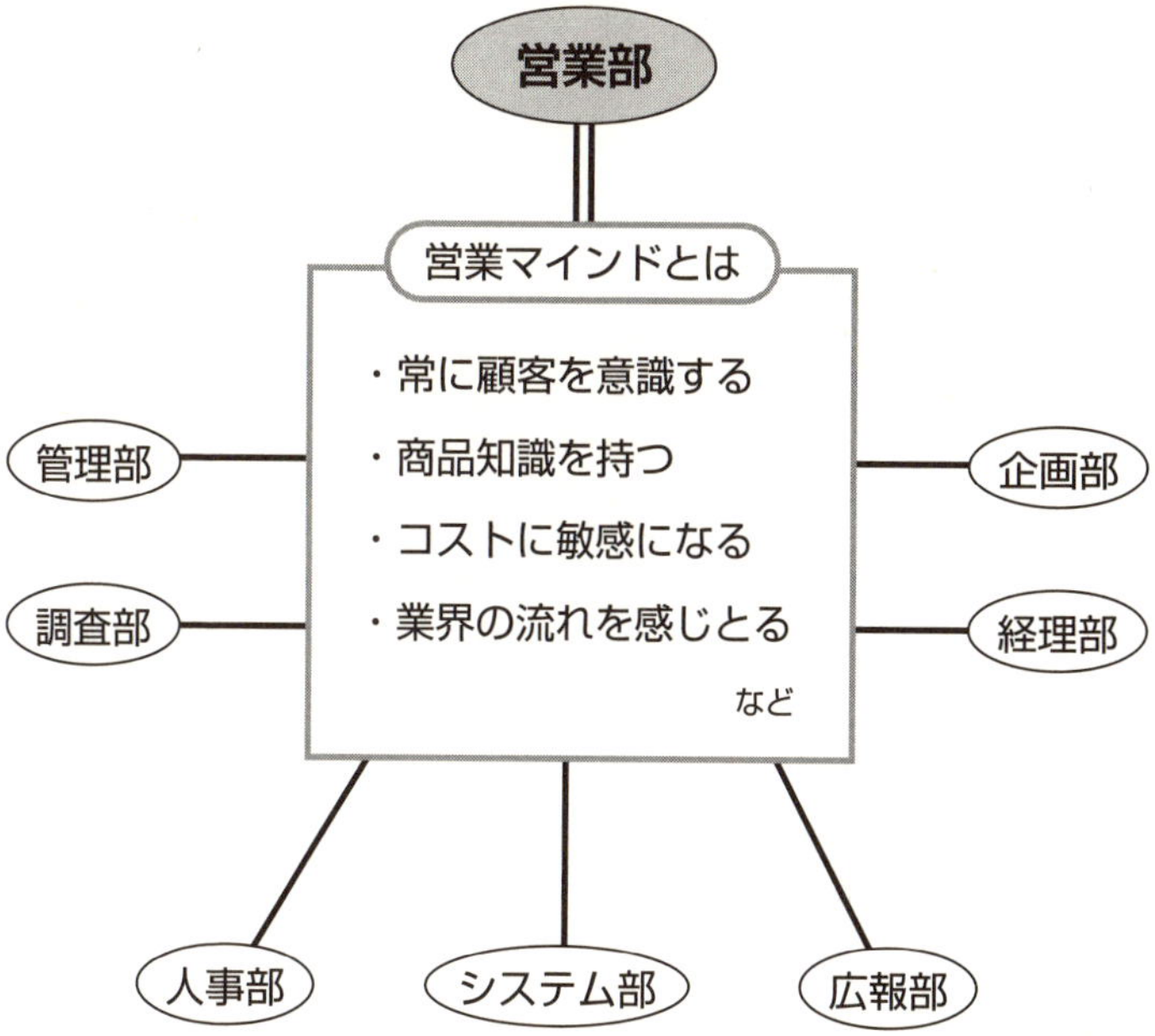

どんな部門であっても、会社の最前線にいる気持ちが必要

成果を上げるには「チームプレー」が欠かせない

リーダーにはリーダーになる理由がある

日本人初の国際宇宙ステーションの船長を務めた宇宙飛行士の若田光一さんが、〝和の心〟でクルーをまとめ上げ、高く評価されたことが話題になったが、自分の仕事を極める人は、高いコミュニケーション能力や仲間をリスペクトする心を持っているものだ。

自分ひとりの能力には限界があっても、周りと協力すれば大きな仕事をやり遂げることができる。それを理解している人こそが、成功者になれるのである。

組織の中で一匹オオカミのようにふるまっていても、結局自分の能力以上の仕事はできないものだ。それよりもチームプレーを心がければ、自分の実力以上の大きな成果を得ることができる。それこそが、一流ビジネスパーソンの資質なのである。

仲間のサポートでよりよい成果を上げる

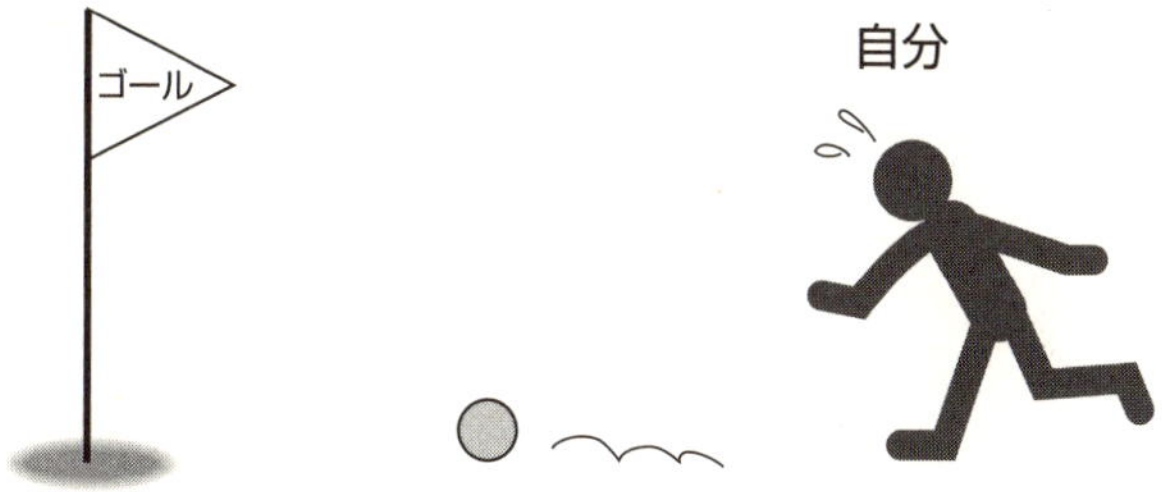

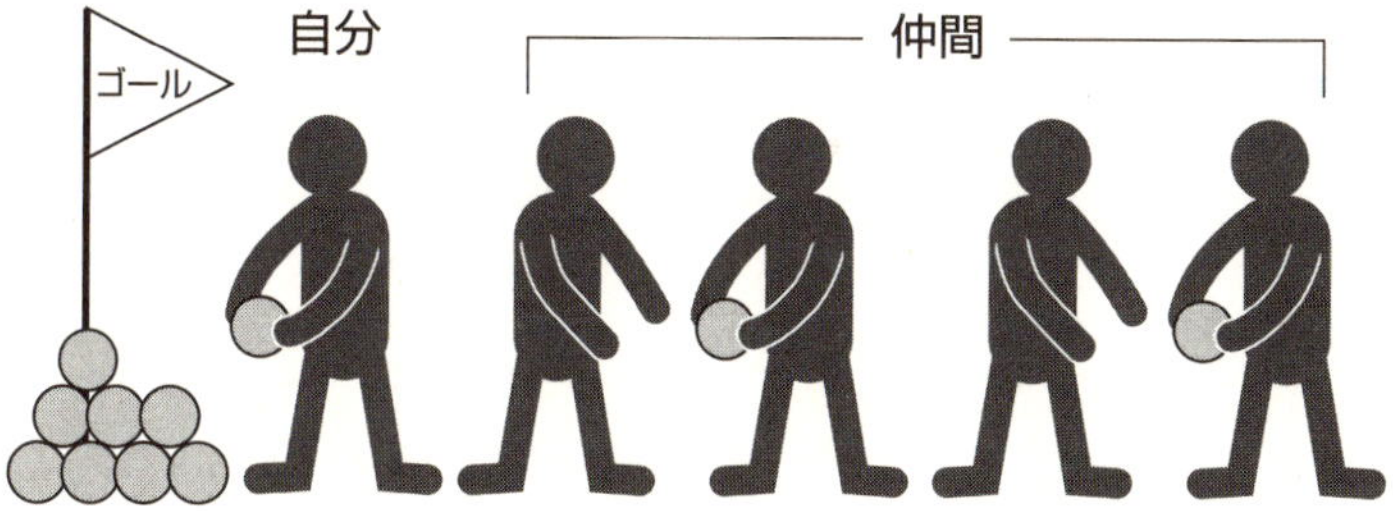

チームプレーのほうが、早く確実に仕事が運べ、成果も上がる

自然に触れて生きる力を「充電」する

機械化やＩＴ化のおかげで人間はあまり肉体労働をしなくても仕事ができるようになったが、そのぶん、頭と心は以前にも増して疲労が溜まるようになっている。

そんな疲れを取り除き、元気をチャージするためには自然の中に身を置いてみることだ。ゴツゴツとした岩や土を踏みしめたり、海で思いきり泳いだり、田植えや稲刈りを体験して泥んこになるのもいい。

こうして自然と戯れることで、自分の中で鳴りを潜めていた生きる力に気づくことができるのだ。

幸いなことに、日本にはまだまだ美しい自然がたくさんある。疲れたなと思ったらすぐに行けるような、お気に入りの場所を見つけておくといいだろう。

第8章

一目おかれる人が実践する「敬語使いの法則」

「すみません」は使わない

言い方にもよるが、「すみません」は「申し訳ありません」よりも少々安っぽい印象を与えるものだ。「すみません」は、本来、目下の人に対する言葉なので部下や後輩などに使うのが正解である。

たとえば、先輩に何かお願いするなら「申し訳ありませんが…」と切り出し、さらにもっと目上の上司なら「申し訳ございませんが…」と言うとさらに丁寧になる。

また、会議中に書類を落としてしまったようなときに、焦って「すみません、すみません」と言うのもみっともない。

それよりも、「申し訳ありません、続けてください」とすばやく拾い集める。そのほうがずっとスマートなのはいうまでもない。

自分の意見は「…と考えます」と言うクセをつける

企画をプレゼンするときなどは、内容に説得力を持たせるために「当社では○○と考えます」とキッパリと言ったりするが、自分の意見を述べるとなると「私は○○と思います」と言う人は多い。

たしかに、自分が思ったことを述べているのだから「と思います」でも間違いではないのだが、「思う」というと漠然としていて根拠がないような印象を与える。

つまり、それがどれだけいい意見であっても、最後のひと言で採用されなくなってしまうこともあるのだ。

だから、自分の意見を述べるときには「私は○○と考えます」と言うクセをつけておくといい。

「無理をお願いして」と相手を気遣う

「忙しいのはお互いさま」が社内を円滑にする

何においても効率が求められる会社で仕事をしていると、できるだけムダな時間は使いたくないというピリピリとした空気が社内に漂っているものだ。

しかし、仕事はひとりではできないし、人の手を借りなければならないこともある。そんなときには、相手の貴重な時間を使わせて申し訳ないと気遣うひと言が大切だ。

たとえば、スケジュール調整を自分の都合に合わせてもらった場合には、「無理を聞いていただいてありがとうございます。では○日、よろしくお願いいたします」、他の部署からわざわざ自分の部署に赴いてもらった場合などには、「無理をお願いして申し訳ありません」などのひと言があれば相手にも気持ちよく協力してもらえるだろう。

相手を気遣う気の利いたひと言

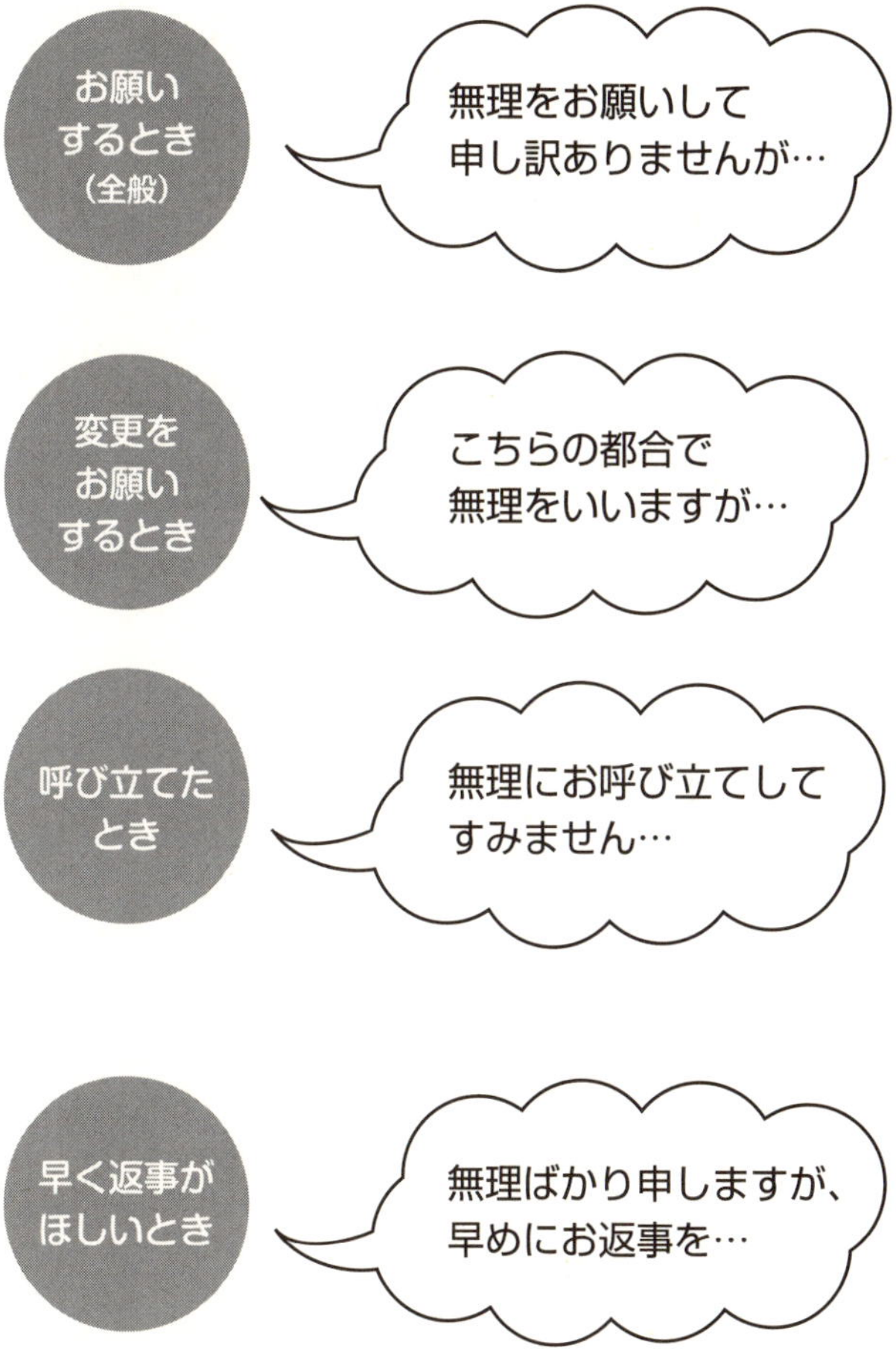
お願いするとき（全般）
無理をお願いして申し訳ありませんが…
変更をお願いするとき
こちらの都合で無理をいいますが…
呼び立てたとき
無理にお呼び立てしてすみません…
早く返事がほしいとき
無理ばかり申しますが、早めにお返事を…

「お」と「ご」の使い方を覚える

外来語には「お」や「ご」をつけない

丁寧に表現するときに便利なのが「お」と「ご」だが、その使い方を誤ってしまうとかなり恥ずかしいことになる。ときどき、ビールやトイレを「おビール」とか「おトイレ」などと言う人がいるが、基本的に「お」や「ご」は外来語にはつけないのがルールである。

また、返事を「お返事」という人は多いが、正しくは「ご返事」だろう。同じように迷惑を「お迷惑」などと言う人もいるが、やはりこれもおかしい。

また、「お」や「ご」をつけると丁寧にはなるが、重ねすぎると煩わしくなる。「お約束のお時間になりましたらお入りください」というような場合は、「約束のお時間に～」というように、前のほうの「お」や「ご」を省略するといい。

「お」と「ご」の基本的な使い方

「ご」は音読み言葉につく	「お」は訓読み言葉につく
ご希望　ご報告	お仕事　お帰り
ご参加　ご案内	お知らせ　お荷物
ご列席　ご好意	お並び　お手紙
ご連絡　など	お名前　など

例外

お電話　お時間　お名刺　お写真　お天気　など

「お」や「ご」をつけない言葉

公共物	動・植物	外来語
学校　市役所	花束　犬　猫	ビール　タクシー
信号機　図書館	虫 など	オフィス　コピー
道路 など		エレベーター など

「ちょっと」ではなく「少々」と言う

あらたまった場の雰囲気に慣れていないと、すんなりと口にできないのがビジネスでの言葉遣いである。たとえば、「これ」は「こちら」、「ちょっと待ってください」ではなく「少々お待ちください」と言う。

また、「見ていただけましたか?」というのも「お目通しいただけたでしょうか?」などというように、折り目正しい言葉を使うのだ。

このような言葉遣いは、頭でわかっていてもいきなり使いこなせるものではないが、最初はたどたどしくともきちんと使えていれば好印象を与える。

ふだんから、どう言えば失礼にならないのか、もっとも丁寧な言い回しは何かを意識しておこう。

年上の部下とは「丁寧語」で話す

多くの会社が成果主義を取り入れたことや、定年退職者の再雇用によってかなり歳の離れた人が部下になることもめずらしくない。

このような上下関係になったときによりよい人間関係を築くためには、自分より年上の部下には丁寧語で接するようにしたい。

たとえば「○○さん」と〝さん〟づけて呼び、仕事をお願いするときも「こちらの資料を明日までに作成してください」、「すみませんが、ここを訂正しておいてください」などと丁寧に依頼する。

自分のほうが立場が上だからといって年下の部下と同じように扱えば、良好な人間関係を築くことはできないのだ。

「敬語のレベル」は長いほど丁寧になる

どんな立場の人にも対応できる言い換え

ひと口に〝敬語〟といっても、親しい上司とお得意さまに使う場合は多少異なってくる。たとえば、親しい上司にならら「明日までにご返事をいただけませんか」でも失礼にならないが、相手がお客であれば「明日までにご返事をいただけませんでしょうか」とより丁寧な表現にしなければならない。

一般的に、「～でしょうか」よりも「～ございますか」、さらには「～ございますでしょうか」などと、語尾は長くなればなるほど丁寧になる。「～いただけませんか」も「いただけますでしょうか」、「いただけませんでしょうか」とレベルアップしていくのだ。

このような敬語の言い換えをマスターしておけば礼を失することはないだろう。

敬語は長めに言うほど丁寧な響きになる

	来てください	いいですか
同僚	来てもらえませんか	いいですか
上司	おいでいただけませんか	よろしいですか
取引先	お越しくださいませんか	よろしいでしょうか
お客	お越しいただけないでしょうか	よろしゅうございますか

「Iメッセージ」でやさしくお願いする

主語を自分にすると効果的

「すみやかに連絡してください」とか「書類はもとの場所に戻してください」など、人に〝こうしてほしい〟旨を伝えるとき、つい相手を責めるような言い方になってしまうことがある。これは、相手を主語にした〝YOUメッセージ〟になっているからだ。

先の例でいくと、どちらも主語は「あなた」である。「あなたがこうしなければいけない」という言い方をすると、どうしても厳しい言い方になってしまうのだ。

これを自分を主語にした〝Iメッセージ〟に変えると、「すみやかにご連絡をいただけると（私が）助かります」や「書類をもとの場所に戻してくださると（私が）うれしいです」となって角が取れる。たったこれだけで、相手の気持ちを動かすことができるのである。

人に注意するときは「Ｉメッセージ」が効果的

YOUを主語にすると攻撃的になる

・もっと早くできないの？

・手伝ってくれない？

・なぜできないの？

Ｉメッセージに変換すると

・もう少しスピードアップしてくれるとありがたいです

・手伝ってくれると助かります

・がんばってできるようになれば、私もうれしいです

「母音」はとくに丁寧に発音する

あいさつは人間関係の基本なのに、これをいいかげんにしている人は少なくない。といっても、あいさつをしないわけではない。言い方が雑なのだ。

たとえば、「おはようございます」が「はようざいす」に聞こえたり、「よろしくお願いします」が「よおしがいます」などとなったりする。

このように言葉が雑になるのは、「あ・い・う・え・お」の母音がしっかりと発音されていないせいだ。とくに「あ」と「お」を意識的にきちんと発音するようにすれば、きれいな「おはようございます」になる。

もちろんあいさつだけでなく、すべてにおいて丁寧な発音を心掛ければ、それだけでイメージが上がるはずだ。

「子音」をはっきりと自信をもって話す

アナウンサーのような歯切れのいいしゃべり方は耳に心地よく、それだけで第一印象は格段によくなる。そんなしゃべり方を身につけるなら、子音を強く発音することだ。

たとえば、「当社では、このたび○○○キャンペーンで潜在顧客を掘り起こす考えです」と、きっぱりと聞き取りやすい発音で言い切られると迫力がある。

これが子音が聞き取りにくいと、当社は「おうしゃ」、このたびは「こおたび」になってしまい、正確に伝わらなくなってしまうのだ。

子音をはっきり発音するには音読が効果的だ。

声に出して新聞を「か・き・く・け・こ」「さ・し・す・せ・そ」などと子音を強く発音しながら読むといいだろう。

反論されても「柔かい言葉」で返す

スピーチやプレゼンをしているときは時折、攻めの口調も必要だが、ふだんからそんな話し方では周りを疲れさせてしまう。その点、一流の人というのは物腰が柔らかく、話し方も穏やかである。

たとえば、忙しそうにしている部下に「明日までにこの仕事ができますか？」とたずねたところ、「そんなのムリですよ！」と言われたとしよう。そんなときにも「わかりました。では3日後ならどうですか」と穏やかに切り返せるのが一流の人である。

無駄に感情をあらわにせず、いつも落ち着いた雰囲気を醸し出すように心がけていれば人望も高まるというものだ。

言葉だけでなく「行動」する

敬語を適切に使いこなすことができれば、それだけでビジネスパーソンとしてはひと皮むけたといえるだろう。

だが、言葉はどれだけ丁寧でも、そこに行動が伴っていなければ気持ちがない人に思われてしまう。

行動が伴わないというのは、たとえば重い荷物を持っている人に「大変ですね。お持ちしましょうか」と声をかけながら、手を差し出さないようなものだ。

このようなとき、心のある人なら「お持ちしましょうか」などとたずねる前に「お持ちします」と言ってサッと荷物を持つものだ。

いくら美しい言葉で飾っても、行動が伴わなければ絵に描いた餅と同じなのだ。

受け答えは「はい」とセットにする

たったこれだけでイメージがよくなる!

周りからいいイメージを持たれている人の受け答えを聞いていると、あるひと言が身についていることに気づくはずだ。それは、最初に「はい」と答えることである。

部長に「○○さん、ちょっと」と呼ばれて席を立つときは「はい、部長」、指示を受けたら「はい、承知しました」、久しぶりに会った人から「お元気ですか」と声をかけられると「はい、おかげさまで」というように、受け答えと「はい」がセットになっている。

この「はい」は、「い」と発音したときに唇が横に広がって頬の筋肉が上がるためにはつらつとした表情になり、明るい印象をもたらすのだ。

たったひと言の「はい」だが、イメージアップにひと役買っているのである。

「はい」と言うと印象がよくなるのは

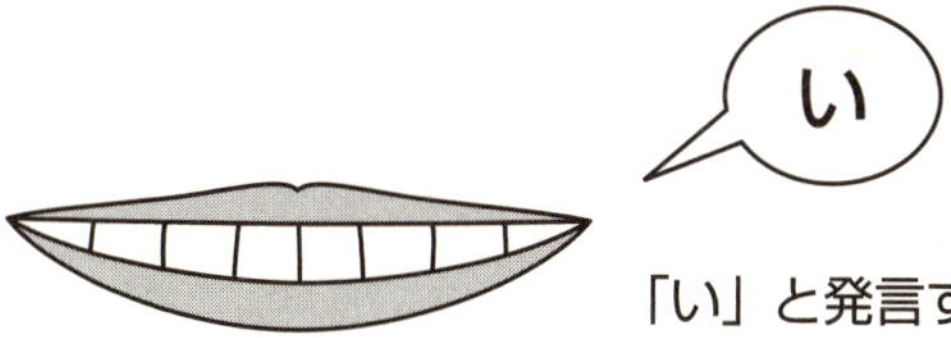

「い」と発言すると
口元が引き締まって
表情が明るくなる

○○さん、
ちょっといい？

はい、少々お待ちください

お願い
したいんだけど

はい、かしこまりました

○○さんに
お伝えください

はい、承知いたしました

では、
よろしく

はい、
ありがとうございました

立場によって「呼び分け」をする

自分と相手の立場を言い分ける

敬語を使うときに気をつけたいのが、自分と相手をきちんと呼び分けることだ。たとえば、自分の会社を「当社」もしくは「弊社」、相手の会社を「御社」と言い分けていると思うが、では同行者のことは何というだろうか。自分と一緒なら「同行の者」、相手が連れてきた人だったら「お連れさま」や「ご同行の方」となる。

また、こちらからの贈り物の場合は「粗品ですが…」などとへりくだった言い方をしたりするが、先方からいただいたものは「けっこうなお品」という。

どれだけ丁寧な言葉を使っても、このような呼び分けができていなければ尊敬や謙譲の気持ちは表すことができないことを覚えておきたい。

立場に応じた呼び分け方

自分		相手
わたくし	私	そちら様
当社、弊社	会社	御社
同行の者	同行者	お連れの方
拙宅	自宅	お住まい
私見	考え	ご意向
夫、主人	夫	ご主人、だんな様
妻、家内	妻	奥様
家の者	家族	ご家族の皆様
粗品、寸志	贈り物	お品物、ご厚志

「当事者意識」をもつことでウマくいく

仕事で重大なミスが発生したときに、自分が直接ミスをしたわけではないのに当事者意識で受け止めるのが一流の対応である。

たとえば、商品管理の担当者が発注ミスをして、自分の得意先に商品が届かなかったとしよう。

こんなときに、「あれは、担当者の発注ミスが原因です。ただ今、再出荷のための手続きを指示しましたが、今日中にできるかどうか…」などと、まるで他人事のような報告をするようでは信頼を得ることはできない。

そこで、「原因は担当者の発注ミスでしたが、現在、今日中に間に合わせるよう早急に再出荷の手続きを取っています」と、言い換えれば信頼は失われないはずだ。

四季折々の「行事の作法」を知っていますか？

日本には、四季を通じてさまざまな伝統行事がある。それら一つひとつの行事に込められた祈りや願いを理解し、脈々と受け継がれてきた人生観を大切にする心を持ち続けたい。

1月〈睦月《むつき》〉お正月

古くから「お正月」には年神様という新年の神様が降りてくるとされており、その幸運を授かるようにとさまざまな飾りつけやお供えをする。

玄関先や門前に飾る門松は年神様が降りて来るときの目印となり、また家中に飾りつけるしめ飾りは、神様を迎えるのにふさわしい神聖な場所であることを示している。

また、鏡餅は神様へのお供え物で、しめ飾りと同様にウラジロやダイダイで飾ることで神聖さを表している。

こうしたお正月の準備は、年末の28日までにすませたい。29日は「苦立て」、31日は「一夜飾り」といって神様に礼を欠くので避けるといわれている。

2月〈如月《きさらぎ》〉 節分

「節分」とは「季節を分ける」という意味で、本来は春夏秋冬それぞれに節分があるのだが、今では節分というと立春の前日を指すようになった。

この節分の日を境に新たな春、つまり1年が始まるため、節分は大晦日と同じように考えられてきた。

そのため、邪気や疫病を次の年に持ち越さないために、節分の日には豆まきが行われるようになったのである。

豆まきに使う「福豆」は大豆を炒ったもので、その家の年男が豆をまく。まかれた豆は年の数だけ拾って食べると、1年を健康に過ごせるといわれている。

3月〈弥生《やよい》〉桃の節句

3月3日の「桃の節句」は、女の子の健やかな成長を祝って行われる。

地域によって雛人形を飾り始める時期は異なるが、立春を過ぎた友引や大安の日に飾られることが多い。

女の子が生まれて最初の初節句には、大晦日から飾るという地域もある。

今となっては少なくなったが、床の間に雛人形と桃の花を飾り、ひし餅、雛あられなどをお供えし、お節句の当日にはちらし寿司やハマグリのお吸い物をつくってお祝いするのが伝統的だ。

3月3日を過ぎても雛人形を出しっぱなしにしていると、婚期が遅れるというのは周知の通り。なるべく早く片付けるようにしたい。

3月〈弥生〉春のお彼岸

春の「お彼岸」とは、春分の日をはさんだ前後3日ずつの1週間のことで、春分の日は「お彼岸の中日」といわれる。

仏教では、極楽浄土は西のはるか彼方にあるとされているため、太陽が真西に沈む春分の日にご先祖をお参りするようになった。

菩提寺を訪れたら、まずご本尊に手を合わせ、それからご先祖の墓にお参りする。墓地の草を取り除いたり、墓石を洗って掃除し、そのあと花と線香を供え、墓石に水をかけて合掌する。

また、家の仏壇はきれいに拭き清め、手作りのぼた餅や季節の果物を供える。

5月〈皐月《さつき》〉端午の節句

5月5日の「端午の節句」は、男の子の誕生と成長をお祝いする日で、「龍門を登って鯉が龍になった」という故事にあやかり、子供の出世を願って鯉のぼりをあげるのが習わしだ。

また、家の中に飾られる鎧兜《よろいかぶと》の五月人形は、男の子が無事に大きくなるためのお守りという意味を持つ。

「勝負」や「尚武」に通じていることからしょうぶ湯に入ったり、跡継ぎが絶えないことを願って柏の葉で包んだ柏餅を食べるなど、端午の節句には立身出世や繁栄などの願いが込められた習慣が多い。

鯉のぼりや五月人形は遅くとも1週間くらい前から飾り、5日を過ぎたら早めに片づけたい。

7月〈文月《ふみづき》〉七夕

「七夕」は、もともと水不足が深刻だった夏場に、水辺の小屋で神にささげるための布を織って神の一夜妻になった棚機津女《たなばたつめ》の伝説がもとになっている。そのため、昔は笹には織りあがった布が飾られたという。

七夕は7月7日だが、七夕飾りを飾るのは6日の夜。短冊に願いごとをしたため、色紙で作った星や吹流しなどで飾りつける。そして翌7日の夜までに笹ごと片づける。

昔は、笹を川や海に流してけがれを祓《はら》う七夕送りが行われていた地域もあるが、環境問題の観点から今ではそれほど行われていない。

8月〈葉月《はづき》〉お盆

「お盆」というと8月13日～15日が一般的だが、地域によっては7月15日に行われる。

お盆が始まる13日は「精霊迎え」や「迎え盆」といって、先祖の霊が迷わずに家に戻ってこられるように門前で迎え火を焚いたり、提灯を持ってお墓参りに行くのが習わしである。

13日の夜から15日までは、仏壇から位牌を出して盆棚に置き、季節の果物や野菜、朝昼晩のご飯やお茶が供えられる。

そして、15日の夜、地域によっては15日の朝を「送り盆」といい、送り火を焚いて先祖の霊を送り出す。

新仏が出たときには、特別な提灯を飾るなどして手厚く供養する。

9月〈長月《ながつき》〉　月見

9月半ばの満月を「中秋の名月」といい、中国で唐の時代から行われていた観月の行事が伝来したといわれている。

日本に伝わってきたのは平安時代で、平安貴族は池に浮かべた船に乗って月を眺めたり、池や杯に映った月を鑑賞しながら歌を詠んだりしていた。

また、昔は月の満ち欠けによってつくられた暦で農業が行われていたことから、月見は秋の収穫を祝う行事でもある。

月が見える縁側などに団子やすすきのほかに、サトイモや枝豆などの作物やお神酒も供える。

ちなみに月見団子は、米の収穫に感謝して本来は米粉で作る。

9月〈長月〉 秋のお彼岸

秋分の日をはさんで3日ずつの1週間を「秋のお彼岸」という。春分の日と同様に、秋分の日も真西に太陽が沈むことから、この日に先祖を偲ぶ仏事が行われている。

秋のお彼岸も先祖の墓にお参りし、仏前に手作りのおはぎなどを供える。

じつは、おはぎとぼた餅は材料もつくり方もまったく同じものだが、萩の花が咲く春はおはぎ、ぼたんの花が咲く秋はぼた餅と、季節によって呼び名が変えてあるところに日本人の風情を感じる。

材料である餅は「五穀豊穣」、小豆は「魔よけ」に通じており、お彼岸以外にも、日本の伝統行事には欠かせない食べ物となっている。

12月〈師走《しわす》〉 年越し

旧年と新年の区切りである12月31日は、「年越し」といって、ひと晩中起き明かして年神様の訪れを待つ日とされていた。

年越しといえば、除夜の鐘を聞きながら年越しそばを食べるのが習わしだ。陰暦を使っていた昔は日が落ちると1日が終わるとされていたため、深夜12時でなくても太陽が沈んだら年越しそばを食べてもいいとされている。

いずれにしても、この日までに1年のすすを払い、お正月飾りやお節料理などの準備を整えて、間際になって慌てることのないよう余裕を持って新年を迎えられるようにしておきたい。

美しい「季節の言葉」を知っていますか？

四季折々を楽しめる日本ならではの美しい「季節の言葉」を紹介する。一目おかれる日本語の使い手をめざそう。

春

花冷え……桜の花が咲く頃に薄ら寒くなること
花曇……桜の花が咲いた頃に霞がかかったように景色が曇っている様子
春告げ鳥……うぐいすの別名
山笑う……山の木々が芽吹いて山全体が輝いているような様子

夏

青梅雨……いきいきとした新緑に降り注ぐ雨
草いきれ……暑い日に草原に漂う、むっとするような熱気
蝉時雨……蝉がいっせいに鳴き立てる声
短夜……短い夏の夜

秋

灯火親しむべし……灯火のもとで読書をするのにふさわしい季節であること
待宵……十五夜を待つ前日のこと
山装う……山の木々が紅葉したさま
夜長……日の落ちるのが早くなり、夜が長く感じられること

冬

枯野……草が枯れて荒涼とした冬の野原
寒雷……冬の寒い時期に鳴る雷のこと
樹氷……冷えた霜が枝に吹きつけて凍りついた木
松の内……お正月の門松を立てておく期間

特集
2

ワンランク上を目指す！
できる大人の所作の法則②

人からの温かい申し出には「お言葉に甘えて」みる

日本では人から何かを勧められたら一度は遠慮して断るのが奥ゆかしいとされているが、いつまでも「どうぞ、どうぞ」「いえいえ、けっこうです」と繰り返していてもらちが明かない。せめて2回目くらいには「では、お言葉に甘えて」と受け入れよう。

「気が利かなくてすみません」ではへりくだり過ぎ

みんなでホームパーティーを楽しんでいるときに、ふと気づくと酒がなくなっていた。急いで冷蔵庫から取り出してきて、「気が利かなくてすみません」では少々へりくだった印象になる。それよりも笑顔で「行き届きませんで」と軽く断れば、場がしらけることもない。

プライベートな話は「立ち入ったことを…」で距離が縮まる

ふとしたはずみで初対面の人と話が弾んだら、お互いのプライベートな話もしてみたいものだ。でも、「こんなこと聞いてもいいのかな」と躊躇することもある。そんなときは、「立ち入ったことをうかがうようですが」と切り出すと、相手を嫌な気持ちにさせることはない。

気になる場合は「差し出がましいようですが…」と言えば角が立たない

最近、上司がちょっと飲み過ぎなのではないか…。本人もわかっているだろうけど、どうしても言っておきたい場合は、「差し出がましいようですが」で切り出すといい。かわいい部下から「差し出がましいようですが、あまり飲み過ぎると体に毒です」と言われれば、上司もイヤな気分にはならない。

「おっしゃる通りです」はうなずくときの大事なひと言

上司や取引先の担当者など、ふだんは緊張する相手とふとした拍子に話がはずみ、意外と意見が合うことがわかったら、感慨深げに「おっしゃる通りです！」とうなずいてみよう。ただ「そうですね」というよりも、もっと心の距離が縮まることは間違いない。

葬儀で悲しみにくれる相手には「お力落としのないように」

葬式や通夜では、「ご愁傷様です」というのが一般的なあいさつだが、親しい友人などにはこれでは他人行儀な気がしてしまう。そんなときには「お力落としのないように」がふさわしい。悲しんでいる心に寄り添うひと言だ。

「ひょんなことをお聞きしますが」で、まず場を和ませる

こんな質問をするのはヘンだろうかと思いつつ、どうしても聞いてみたいことがある。こういうときには「ひょんなことをお聞きしますが」と切り出してみてはどうだろう。相手はあまり使われないこの言葉に意表を突かれて、何を質問しても笑って答えてくれるはずだ。

忙しい人は「お手すき」の人に声をかける

猫の手も借りたいくらい忙しくて、思わず「誰か、ヒマな人いませんか！」と叫んだところでおそらくそれほど人は集まらない。どことなくイヤな気がするからだ。「お手すきの方、手伝っていただけませんか？」なら、きっとヒマな人が手を貸してくれるだろう。

乗り気でない誘いには取り込んでいることを理由に断る

「今、取り込んでいて」は、「忙しい」の上品な言い回しだ。飲み会やランチのお誘いメールが届いたが、乗り気がしないので断りたいときなどに使える。「取り込んでいて」と断られると、相手も「何で？　仕事？」などと詮索しづらいので、しかたがないとスルーしてくれるだろう。

「お近づきのしるし」で出会えた喜びを表現する

いい人と出会うことができたという喜びの気持ちを伝えるには、小さなおもてなしをしたあとに「お近づきのしるしに」という言葉を添えるとスマートだ。

手土産は「つまらないもの」よりも「印だけのもの」

最近は、「つまらないものですが…」と手土産を手渡すのは、へりくだり過ぎているとして歓迎されないことがある。つまらないものならいらないなどという、ヘソの曲がったことを言う人もいるだろうが、目上の人に対しては「印ばかりのものですが」と言うのが無難である。

事情を説明できないときは「のっぴきならない事情」で逃げる

「のっぴきならない」とは退くことも引くこともできない、どうにもならない事情のことだ。説明するのが恥ずかしいような理由で誘いを断る場合は、「のっぴきならない事情がありまして…」と後ずさりしながら去っていくに限る。

着物美人への褒め言葉は「たおやかですね」

初詣に出かけたら、着物姿の知り合いの女性にばったり出会った。こんなとき、「これは、たおやかですね」と声をかけると喜ばれる。たおやかとは「しとやかで優美なさま」を表す言葉で、まさに着物の日本人女性にぴったりの表現なのである。

「よんどころない事情で…」と断られたらそれ以上詮索しない

参加を予定していた会合や旅行を急きょキャンセルするときなどに、「じつは、よんどころない事情で…」と言い訳をする人がいる。この「よんどころない」を使われたら、それ以上は詮索しないのが大人のルールだ。気を使っているつもりで「どうなさいました？」などと聞かず、「承知しました」と受け入れたい。

代役で大役を頼まれたら「おこがましい」とあいさつする

司会を担当していた先輩が急病で欠席することになり、「キミ、代わりに頼むよ」と上司に代役を任されたとしよう。こういう場合、仮に自信があったとしても嬉々としてはいけない。「おこがましい話ですが、代わりを務めさせていただきます」と、あくまでも謙虚な姿勢で引き受けたい。

自分も経験のある他人の不幸を耳にしてしまったら「身につまされます」

他人の不幸を耳にしてしまったら、何と声をかければいいだろうか。もしそれが自分も経験したことがあることなら「身につまされます」と言えば、他人事でなく心配していることを伝えられる。ただし、同じような経験もないのに「身につまされます」と言ってはいけない。

熱い気持ちをクールに伝えるなら「やぶさかではありません」

自分の仕事が好きで、その仕事に誇りを持っている。そんな自分の気持ちを上司に伝えるのに「私は仕事のためなら努力を惜しみません」というのは、いささかヤボったい。それよりは「この仕事のためなら、休日返上もやぶさかではありません」ならクールにキメられる。

基本のあいさつには、プラスαを加える

基本のあいさつには気候やお礼、相手の名前などを加えると好感度が高くなる。「○○部長、おはようございます」「おはようございます。昨日はありがとうございました」「おはようございます。今日はいい天気ですね」といった具合いだ。これをつけ足しただけで親しみを覚えてくれるはずだ。

「ビミョー」よりも「判断が難しいところです」

「ビミョー」や「ヤバイ」などは友人同士で使うのはかまわないが、ビジネスシーンではふさわしくない。「ビミョー」は「判断が難しいところです」と言うべきだし、「ヤバイ」は「とても素晴らしい」とか「美味しい」などと、誰にでも伝わる言葉を使うようにしたい。

「できません」より カドのたたない言い回しに変換する

「できません」や「わかりません」といった否定形を使われるといい気分はしないものだ。そこで、できない場合は「いたしかねます」、わからない場合は「わかりかねます」というように肯定形にするだけで、否定されてもいたしかたないと納得してもらえる。

お願いをするときは依頼形に変えると不快にさせないですむ

「～をしてください」や「～はやめてください」など何かをお願いするときには、敬語を使ったとしても威圧感がある。お願いするときは「～していただけませんか?」、やめてほしい場合は「ご遠慮願えますか?」と依頼形に変えることで相手に不快感を与えないようにできる。

「たとえば、○○ということでよろしいですか？」で要点を絞る

説明された内容が今一つ理解できないことはよくある。そのまま進めては間違ったまま仕事を進める可能性もあるので、もう一度説明してもらうべきだが、その際には「たとえば、○○ということでよろしいですか？」などとたとえて、再確認をしたうえで要点を絞っていくといい。

目上の人に反論するときは「イエス・バット法」を使う

目上の人に対して異なる意見を提案するのは勇気が必要だ。そんなときのコツは、「おっしゃることはよくわかります」と、まずは相手を肯定してから「私は○○と考えております。いかがでしょうか?」と提案する。これはイエス・バット法といわれる会話術だ。

他人のミスでもまずは「申し訳ありません」が先

自分のミスなら当然だが、ときには他の人がミスをしたことでも謝罪しなければならないこともある。そんなときでもまずは「申し訳ありません」と謝罪することが大事だ。へたな言い訳をするとかえって品格を落とすことになる。

褒められたら「〇〇さんのおかげです」で相手をたてる

褒められたときには素直に「ありがとうございます」とお礼を言いたいところだが、その際に「〇〇さんのおかげです」などと相手を立てることができればなおよい。せっかく褒めているのに恥ずかしがって何も言えないのでは〝褒めがい〟がないというものだ。

「さすが」「すごいですね」ではなく具体的に褒める

「さすが!」や「すごいですね!」などの言葉を使えば簡単に褒めることはできるが、それでは相手の心には響かない。「あのときの○○さんのひと言は今も忘れません」などのように、具体的に褒めたほうが何倍も喜ばれるはずだ。

「確認しました」ではなく「拝見しました」

書類やメールを受け取ったことを相手に知らせるときには、「確認しました」より「拝見しました」のほうがより丁寧な表現になる。また、相手にそのことを確認したいときは「ご覧いただけましたか？」が正しい。

「お噂はかねがね…」は使わない

褒め言葉のつもりで使っている人もいるかもしれないが、〝噂〟にはよくない噂も含まれていることがある。同様に「○○さんからお話はうかがっております」も相手にいらぬ誤解を与えてしまいかねない。ここは率直に「お目にかかれて光栄です」などと言ったほうが間違いはない。

目上の人には素直にごちそうになる

目上の人にごちそうになる場合は、「では、お言葉に甘えてごちそうになります」と素直に受けよう。もし、高級店に連れて行ってもらった場合は「すっかりごちそうになってしまって……」と恐縮の気持ちを伝えればいい。値段のことを口にするのは品がないので慎むこと。

お酒の席でのパワハラにはいつも以上に丁重な言葉遣いを

酒席ではセクハラ発言やパワハラ行為が起こりやすい。もし、そんな場面に出くわしたときにはいつも以上に丁寧な言葉で返すのが得策だ。たとえば「そのようなことをなさっては、お立場に傷がついてしまうのではないでしょうか」などと毅然と冷静に対応するのがコツだ。

お茶を出してもらったときに「どうも」や「すみません」はNG

取引先に訪問したときにはお茶を出してもらう機会は多い。そんなとき、つい「どうも」とか「すみません」などと適当にすませていないだろうか。そんなときに使いたい言葉が「恐れ入ります」だ。続けて「ちょうだいいたします」と、お茶を出してくれた人に向かって伝えるだけで好感度はぐっと上がる。

使ってはならない「4D言葉」に気をつける

「だって」「でも」「どうせ」「ですが」。これらの4つのワードは何かにつけてつい使ってしまいがちだが、これを口にした途端に言い訳や相手を責める口調に変わってしまう。くれぐれもふだんから使わないようにしたいものだ。

困ったときの「お力になってください」は間違い

人を手助けしようとするときに、「お力になりましょう」と言うのはいいが、逆に力を貸してほしい場合に「お力になってください」や「お力になっていただきたい」は間違いである。そういうときは「お力添えいただきたい」と言うのが正しい。

相手のミスには「確認してほしい」と催促する

相手のミスで納期が過ぎてしまったり、未納だったりした場合、クレームをストレートに伝えるのは避けたい。万が一、こちらのミスという場合もあるからだ。その際は「まだ納品がないようなので、ご確認いただけますか」などと言えば、お互いに気まずくならず、角も立たない。

ビジネスではＮＯという意味の「大丈夫です」は使わない

最近ではＮＯという意味で「大丈夫です」を使う人が多いが、この言葉は元を正せばＯＫの意味でも使われる。「いりません」や「やらなくていいです」とはっきり断るより言いやすいのかもしれないが、ビジネスシーンでは紛らわしいので使わないのに限る。

「失敗する可能性が高い」というのはヘンな日本語

「成功する可能性は高い」と「失敗する可能性が高い」。どちらが間違っているだろうか。可能性とはできることであり、いい意味で使う場合に限る。つまり、失敗するかもしれないときは「失敗の恐れがある」と言うのが正しい。

上司から指示を受けたときの「了解しました」はNG

指示や連絡を受けたときによく使う「了解」という言葉。これは本来、部下が上司に対して連絡したり、おうかがいを立てたときに上司が認めるという意味で「了解」という言葉を使うものだ。つまり、上司から指示を受けた場合は「わかりました」とか「かしこまりました」と返すべきである。

「参考になりました」ではなく「勉強になりました」

よく「ご意見、参考になりました」などと言ったりするが、これでは「あなたの意見は参考程度です」ととられてしまうこともある。こういうときには感謝の意味が伝わるように「ご助言いただき、大変勉強になりました」と伝えれば、相手も満足するはずだ。

問題がなくても「問題ありません」とは言わない

上司から「この案件は何か問題はないか？」と聞かれたとき、特に問題がない場合はつい「問題ありません」と答えてしまったりする。だが、これでは自分のほうが立場が上になってしまうので、「そのまま進めていただけたらと思います」を使いたい。

「頑張って」を多用するとトラブルのもとになる

「頑張る」には「まだ足りない」という意味もあるので慎重に使いたい。また、この言葉を精神的に落ち込んでいる人に対して使うとよけいなプレッシャーを与えかねないので、ここは「陰ながら応援しています」くらいに留めておくといい。

断るときは「あいにくですが」をつけると面子をつぶさない

取引先や上司、先輩などからお願いをされたものの、どうしても断らなければならない場合がある。そんなときには「あいにくですが…」とか「申し訳ありませんが…」を前につけて話すと相手の面子をつぶさないですむ。

要領を得ない話は「ここまでのお話を確認したいのですが」で断ち切る

要領が悪く、うまく話ができないという人はいるものだ。相手が何を言いたいのかわからない場合は、「ここまでのお話を確認したいのですが」のひと言で相手の話をタイミングよく切って確認すればいい。そうすることで解釈のズレを防ぐことができる。

たとえ部下であっても「折り返しさせます」はNG

外出中の社員に電話がかかってきた電話を取って「戻りましたら折り返しさせます」などという人がいるが、これはかけてきた相手を不愉快にさせる言い方だ。たとえ部下にかかってきた電話でも「戻りましたらお電話を差し上げるよう申し伝えます」というのがマナーである。

角が立つ言い方は避けるのが大人の常識

要領を得ない説明を聞いているとついイラついてしまい、これが後輩や部下だったら「要するに、どういうこと？」などと力がこもってしまいがちだ。しかし、これでは角が立つ。

もう一度説明してもらいたいときは「話を整理したいので、もう一度話してもらえるかな」と言えば、相手のことを否定することなく話してもらえるかもしれない。

不測の事態に「わかりません」は信用をなくす

約束の時間に客が訪れたのに担当者が不在だったというときは、その理由が何であれこちらに非がある。丁寧にお詫びし、失礼のないように組織をあげて対応することが大切だ。担当者がいないからといって「わかりません」では会社の信用は失墜するだけである。

トラブルで現場に駆けつけたときは謝罪よりまずは行動を

トラブルが起きて担当者が現場に来たまではいいが、謝ってばかりで解決策がいっこうに出てこないのでは困る。この場合、現場が欲しがっているのは謝罪ではなくすみやかな対応や解決策だ。最初に謝ったら、あとは問題解決のために具体的な行動をしてこそ信頼が得られるのである。

ミスしたときのねぎらいの言葉は「それは大変だったね」

仕事で大きなミスがあったという報告を受けたとき、頭ごなしに怒ったりするのはよくない。それよりも、「それは大変だったね」と、まずはその場をどうにか取り繕ったことをねぎらう言葉をかける。そうすれば、対応策について前向きに話し合える雰囲気をつくれるはずだ。

仕事中の井戸端会議は角を立てないようストップさせる

仕事中にもかかわらずおしゃべりが盛り上がってきたら、直接注意するよりも、「どうしたの?」などと言いながら自分もその輪に入っていくといい。そして、ある程度話を聞いたところで、「じゃあ、そろそろ仕事に戻ろうか」と言えば、しこりを残さずに止めることができるのだ。

行き違いがあったときには「言葉が足りなかったかもしれません」

「言った」「言わない」の行き違いは誰にでもあるものだ。そんなときに「私の言葉が足りなかったかもしれません」と先に言われたらどうだろう。それまで頭に上っていた血がサーッと引くのを感じるのではないだろうか。

結論を急かされても焦らない

異性から告白されたときなどは、なかなか決断ができないことがある。時間だけが過ぎてしまい、気をつけないと拒絶していると思われてしまいかねない。そんなときは「いい加減な答えは出したくないので、もう少し考えさせてください」と告げればいい。真剣に考えてくれていると相手は安心するはずだ。

相手を持ち上げてから指摘する

約束の日時を過ぎてもいっこうに連絡がなかったりすると、信頼関係にもヒビが入ってしまう。そこで「○○さんを信頼しているからこそ言うのですが、お約束した件はいかがですか」と、いったん相手を持ち上げてから指摘したいことを伝えると反感を買わないですむ。

うっかりミスには共感して注意する

誰にでもうっかりミスはあるが、「なんで気がつかなかったんだ！」などと正面切って言われると「そんなふうに言わなくたって…」と、お互いに気まずくなってしまう。そこで「私も気をつけるから、あなたも気をつけてね」と共感する姿勢を見せると、相手も素直に「申し訳ありません」となるのだ。

参考文献

『ホテルオークラ［橋本流］大人のマナー』（橋本保雄／大和出版）、『丸の内流 一流を目指すビジネスマンの生き方とルール』（剣崎優人／セールス社）、『［図解］男の作法』（山崎武也／PHP研究所）、『攻める！ 最短最強ビジネスマナー』（株式会社クレスコパートナーズ／KKベストセラーズ）、『ビジネスマナー「気配り」レッスン37』（尾形圭子／学研パブリッシング）、『京都の一流ホテルだけに伝えた気配りの極意』（渡邊忠司／大和書房）、『銀座料亭の若女将が教える一流の習慣術』（伊藤ミナ子／ソフトバンククリエイティブ）、『一流の人が実践している日本語の磨き方』（山岸弘子／KADOKAWA）、『見てわかる基本のビジネスマナー』（相部博子監修／西東社）、『ビジネスマナー早わかり事典』（葛西千鶴子監修／池田書店）、『心地よく暮らすための素敵な大人のひと言』（八坂裕子／柑出版社）、『言葉美人の知的な敬語』（北原保雄／KKベストセラーズ）、『ビジネスで恥をかかない日本語のルール』（白沢節子／日本実業出版社）、『できる人、好かれる人の頭のいい話し方』（櫻井弘、秀和システム）、『THE21 No.360』（PHP研究所）、夕刊フジ、ほか

※本書は、『図解 なぜかパッと目をひく！ 大人の「品格」が身につく本』（小社／2012年）をもとに、新たな情報を加えたうえで再編集したものです。

編者紹介

知的生活追跡班
忙しい現代人としては、必要な情報はすぐ欲しい、タメになることだけ知りたい、と思うもの。けれど実際、世の中そう簡単にはいかない…。そんなニーズに応えるべく結成された。
本書では、できる大人がおさえているワンランク上のマナーを徹底コーチ。ちょっとしたふるまい、視線、話し方…にあらわれる大人の品格をモノにすれば、一目おかれること間違いなし！

この一冊《いっさつ》でもう困《こま》らない
マナーのツボ大事典《だいじてん》

2015年2月5日　第1刷

編　　者　知的生活追跡班《ちてきせいかつついせきはん》

発 行 者　小 澤 源 太 郎

責任編集　株式会社プライム涌光
電話　編集部　03(3203)2850

発 行 所　株式会社青春出版社
東京都新宿区若松町12番1号〒162-0056
振替番号　00190-7-98602
電話　営業部　03(3207)1916

印刷・大日本印刷　製本・ナショナル製本

万一、落丁、乱丁がありました節は、お取りかえします

ISBN978-4-413-11129-4 C0030

©Chitekiseikatsu Tsuisekihan 2015 Printed in Japan

本書の内容の一部あるいは全部を無断で複写(コピー)することは著作権法上認められている場合を除き、禁じられています。

話題のベストセラー!

できる大人の
奇跡の脳トレ大全《たいぜん》

話題の達人倶楽部［編］

ISBN978-4-413-11105-8

気配り王の
人間関係大事典

話題の達人倶楽部［編］

ISBN978-4-413-11107-2

この一冊でぜんぶわかる!
パソコンの裏ワザ・基本ワザ大全《たいぜん》

知的生産研究会［編］

ISBN978-4-413-11108-9

これだけは知っておきたい!
大人の常識力大全《たいぜん》

話題の達人倶楽部［編］

ISBN978-4-413-11109-6

できる大人の大全シリーズ　好評既刊

明日が変わる
座右の言葉全書

話題の達人倶楽部［編］

ISBN978-4-413-11101-0

面白いほどわかる大人の歴史教室
日本と世界まるごと全史

歴史の謎研究会［編］

ISBN978-4-413-11102-7

気になる「本音」をズバリ見抜く
心理の技法大全《たいぜん》

おもしろ心理学会［編］

ISBN978-4-413-11103-4

大人の「雑談力」が身につく
話のネタ大全《たいぜん》

話題の達人倶楽部［編］

ISBN978-4-413-11104-1

話題のベストセラー!
できる大人の大全シリーズ　好評既刊

できる大人の
モノの言い方
大全《たいぜん》

話題の達人倶楽部［編］

ほめる、もてなす、
断る、謝る、反論する…
覚えておけば一生使える
秘密のフレーズ事典

なるほど、
ちょっとした違いで
印象がこうも
変わるのか!

ISBN978-4-413-11074-7
本体1000円+税